BIBLIOTECA DE DERECHO PRIVADO

Enrico del Prato
(Director)

Carlos Antonio Agurto Gonzáles
Sonia Lidia Quequejana Mamani
Benigno Choque Cuenca
Luis Alejandro Luján Sandoval
Edmundo Trujillo Blas
(Coordinadores Generales)

Pietro Bonfante
Profesor de la Universidad de Roma «La Sapienza»
Ex Rector de la Universidad Bocconi de Milán
(Italia)

Las relaciones de vecindad

Edición al cuidado de
Carlos Antonio Agurto Gonzáles
Sonia Lidia Quequejana Mamani
Benigno Choque Cuenca

Ediciones Olejnik

Título: Las relaciones de vecindad

Traducción de Alfonso García Valdecasas

Huérfanos 611, Santiago - Chile
E-mail: contacto@edicionesolejnik.com
Web site: http://www.edicionesolejnik.com

Primera edición en Ediciones Olejnik: 2019

ISBN: 978-956-392-575-3

Diseño de Carátula: Ena Zuñiga
Diagramación: Luis A. Sierra Cárdenas

Impreso en Argentina 2019 Printed in Argentina

ÍNDICE

PRÓLOGO DEL TRADUCTOR

Cultore della più solida ed austera tra le scienze formative dello spirito.

Pietro Bonfante.

La obra y la personalidad científicas de Pietro Bonfante son sin duda de las más fecundas y sugestivas de la moderna producción jurídica italiana.

Nació Pietro Bonfante en 1864 en Poggio Mirteto, provincia de Roma. Ingresó en el profesorado universitario en 1888, desempeñando las cátedras de Historia del Derecho romano, Instituciones de Derecho romano, Derecho romano[1] e Historia del Comercio en las Universidades de Camerino, Macerata, Mesina, Parma, Turín, Pavía y Roma. Actúa en esta última desde 1916.

A través de una vida de trabajo incesante, su genio vigoroso ha ido jalonando los temas capitales del Derecho romano y de su historia con estudios de extraordinaria virtud renovadora.

Es un jurista penetrado de sentido histórico. El derecho es para él un producto de la «conciencia social». Producto, por tanto, variable de pueblo a pueblo, de época a época; variable a compás de las variaciones en los sentimientos, las necesidades, las representaciones, la cultura, en una palabra, del pueblo en cuestión. Estos elementos determinantes o integrantes de la conciencia social serán pues utilísimos y hasta necesarios para precisar el sentido y alcance de las instituciones jurídicas. Precisamente en la obra que traducimos encontrará el lector una brillante aplicación de ese criterio. Por lo demás lo emplea de modo constante en el campo a que más amor y trabajo ha consagrado: las instituciones jurídicas de Roma. Siempre aparecen explicadas en correlación de la vida y manifestaciones sociales de aquélla, en su conexión orgánica con la evolución de la misma. Él es, por ejemplo, quien ha puesto de manifiesto la compenetración en Roma entre la terminología de los juristas y el lenguaje usual y vivido, a diferencia de la actual cultura occidental en que el lenguaje de los juristas ha revestido para el profano los caracteres de una técnica obscura e inaccesible[2].

---

1 En la Universidad italiana hay tres cátedras de Derecho romano. Una de instituciones (un curso) otra de historia (un curso) y otra llamada simplemente Derecho romano (dos cursos) en que se le hace objeto de estudio más profundizado y generalmente monográfico.

2 Véase, por citar un solo ejemplo, su trabajo: *Il punto di partenza della teoria romana del possesso*, en *Scritti...*, vol. III.

Pero lo más característico de la producción histórico-jurídica de Bonfante es el manejo del que él llama método «orgánico o naturalista». Se cifra este en la distinción en las instituciones jurídicas entre su *estructura* (o sea sus *órganos,* su *anatomía*) y sus *funciones* (finalidades): la estructura puede permanecer inalterada, sirviendo, sin embargo, para funciones nuevas y diferentes. Mas para dar cuenta del significado y efectos de este método nada mejor que entresacar las aclaraciones aisladas que sobre él nos da Bonfante[3]:

«La función actual de una institución no constituye una buena explicación de su origen. Siempre es guía más segura su estructura anatómica, pues... en cuanto esta contenga un solo elemento... ajeno a la finalidad actual de la institución, habrá que concluir que fue distinta la finalidad que tuvo en otro tiempo» (*Scritti*... I, pág. 129).

«El supuesto... es el carácter orgánico de las instituciones del derecho. Lo mismo en los fenómenos de la Naturaleza que en los del espíritu, este carácter implica la posibilidad de que se altere la función y la eficacia de los diversos elementos de un sistema (el significado de una palabra, el empleo de una forma artística, las finalidades de un órgano de la vida económica, etc.) sin que por eso se altere su estructura fundamental[4], la cual, por ser menos o hasta nada adecuada para la nueva función o para el nuevo ambiente en que penetra, toma un aire antinatural, artificioso... Sucede además con frecuencia, al menos en el derecho, el que haya algunos elementos fundamentales que, a pesar de haberse convertido en una mera abstracción, se van haciendo tanto más venerables cuanto más incomprendidos; del mismo modo que los viejos elementos arquitectónicos se hacen tanto más decorativos cuanto menos esenciales son» (1. c. pág. 190 s.).

Observa Bonfante que este método «naturalístico» ha sido acogido ya en «las ciencias de los fenómenos más espirituales y más afines al derecho, como la ciencia del lenguaje, la arqueología, la mitología, la economía» y que, mientras tanto «la ciencia del derecho es la única que se ha quedado atrás, a pesar de haber sido en ella en la que, con la Escuela histórica, despuntó, como una de las primeras fases de la renovación científica, y desde luego antes que en ninguna otra ciencia del espíritu, el concepto de la evolución orgánica».

El principio cardinal de la «trasformación de las funciones» es, pues, un principio *biológico,* y el mismo Bonfante invoca repetidas veces la autoridad del biólogo Dohrn, como aquel que (en su obra *Das Prinzip der Funktionswechsel,* Leipzig, 1875) ha dado la formulación más precisa de dicho principio. «El cual —agrega Bonfante— no es más que un canon especial de la doctrina teleológica de Lamarck; doctrina mucho más fecunda e importante *para nosotros* que la de la selección de Darwin, a la que en el campo social le falta su fundamento (la multiplicación indefinida de los seres)... Por el contrario, la teoría lamarckiana... es quizá en las ciencias del espíritu de aplicación más segura que en las ciencias estrictamente naturales, donde encuentra como obstáculos la vida fugaz de los individuos y la dudosa trasmisibilidad de los caracteres adquiridos» (1. c., págs. 154-5, nota 2).

---

[3] Por lo demás puede verse: De Francisci, *Storia del diritto romano*, 1926, pág. 49 s., 1. y sobre todo el mismo Bonfante: *Il metodo naturalistico nella Storia del diritto, Scritti*, vol. IV.

[4] De aquí que *si para la historia de un fenómeno su estructura es el mejor documento, su función es el más falaz* (1. c., pág. 505).

Esta utilización de conceptos provenientes de las ciencias naturales, la misma expresión de «método naturalístico» podrían inducir a interpretaciones erróneas sobre el significado del método de Bonfante. Entiéndase que no hay en él influjo de falaces paralelismos con las ciencias naturales y que los criterios que emplea no lo son por venir acreditados de ellas, sino por ser y en la medida en que sean eficaces en el terreno de las ciencias históricas. Precisamente Bonfante combate con ardor la injerencia de los conceptos de otras ciencias en los dominios de la jurisprudencia y constantemente advierte que aquellos conceptos que todo orden jurídico utiliza, no definiéndolos sino dando por supuesta su noción, tienen siempre por base y contenido las representaciones sociales, nunca las concepciones científicas. «Las distinciones y clasificaciones de las cosas —dice, por ejemplo— tiene un fundamento esencialmente social». «Es una ilusión mantenida por la preponderancia que en las construcciones jurídicas se sigue asignando a los conceptos filosóficos frente a los históricos, la de creer que hay que atenerse al pensamiento naturalístico y abstracto para establecer el criterio discernidor de esas distinciones. A ese tenor habría que declarar consumibles todas las cosas o habría que acomodar a los postulados de la química la distinción entre cosas simples y compuestas...» (*Note alle Pandette del Windscheid*, vol. I, parte 2.ª, pág. 652).

Una exposición, aunque fuese somera, de la obra de Bonfante excedería del propósito y extensión de este prólogo. Mas hay que aludir, al menos, a alguna de sus construcciones principales. Especial mención merece entre ellas su teoría de la sucesión soberana en el Derecho romano[5]. En esta teoría es en la que Bonfante ha hecho más amplio uso del método histórico antes descrito. Según ella, la herencia romana originaria no era trasmisión de un patrimonio, sino de la soberanía política sobre el grupo gentilicio[6]. Como precursores de este pensamiento señala Bonfante a Vico y Sumner Maine[7]. No hemos de intentar aquí dar cuenta, ni aún esquemática, de las brillantes argumentaciones en que Bonfante funda y desenvuelve su tesis[8], ni tampoco de las muchas críticas favorables o adversas de que ha sido objeto[9]. La teoría de la sucesión soberana encontró en Italia inteligente acogida y rápida expansión. En el extranjero fue asimilada con más lentitud pero ya hoy puede decirse perfectamente conocida. Últimamente, Rabel la ha hecho objeto de un estudio especial, «La teoría del Derecho sucesorio de Bonfante»[10]; estudio en que muestra lo mucho que aún queda de obscuro o dudoso en el esclarecimiento histórico de los problemas claves del derecho sucesorio romano. Rabel termina su trabajo estimu-

---

5 Cfr. *L'origine dell'hereditas e dei legata nel diritto successorio romano; Le critiche al concetto dell'originaria eredità sovrana e la sua riprora; Teorie vecchie e nuove sull'origine dell'éredità* y otros trabajos recogidos en el vol. I de sus *Scritti*. Véase además *Gorso di diritto romano* vol. IV *Successioni, Parte generale.*

6 Anteriormente había pensado Bonfante en el grupo agnaticio, en vez de la *gens;* desviado, según ahora declara, por falsas analogías de derecho comparado.

7 *Scritti...* vol. I, pág. 102 s.

8 El lector español puede encontrar una síntesis en sus *Instituciones de Derecho romano,* recientemente traducidas. Véase en ellas especialmente los §§ 186-7, 190-3, 200-1, 204-6, 218-20.

9 Por mi parte he manifestado mi adhesión a la teoría de la *sucesión en la familia,* representada fundamentalmente por los nombres de Mitteis y Costa, en mi trabajo *La fórmula H. M. H. N. S. en las fuentes epigráficas romanas,* publicado en el volumen V del *Anuario de Historia del Derecho español.* Con todas sus diferencias, es esta la teoría más afín a la de Bonfante.

10 *Die Erbrechtstheorie Bonfante, Z. der S. -S...* Rom. Abt. B. 50, págs. 295-332.

lando a Bonfante a que dé un desarrollo íntegro de su hipótesis histórica, prescindiendo de las analogías, que tan frecuentemente utilizara, con el derecho público. Pues —agrega— la desconfianza que Bonfante manifiesta ante el derecho comparado ha de extenderse en igual medida a las relaciones entre el derecho privado y el derecho público de Roma[11].

No parece justo, sin embargo, equiparar una y otra clase de comparaciones. Aun admitida, la distinción entre derecho público y privado es siempre interna a un determinado orden jurídico. Pero este orden jurídico encuentra su unidad explicativa en *una misma* conciencia social; supuesto que falta precisamente en el derecho comparado[12].

Efectivamente, Bonfante ha manifestado con frecuencia su desvío hacia las deducciones del derecho comparado; postura comprensible en quien está dotado de tan fina percepción para la *individualidad* histórica del derecho de cada pueblo. Pero esta posición suya no le impide reconocer la existencia de elementos universales o de funciones constantes para todo orden jurídico. En su primera gran obra (que contiene en germen casi todas las concepciones que ha desarrollado después), publicada entonces (1888-1889) con el título *Res mancipi e res nec mancipi,* reeditada luego en los *Scritti* (vol. II) con el de *Forme primitive ed evoluzione della proprietà romana,* estudia precisamente un fenómeno de esa magnitud. El pensamiento central de la obra, es que en todo orden jurídico hay una división fundamental que abarca todos los objetos posibles del derecho. Esta división toma diversos nombres en los diversos derechos, bienes visibles e invisibles en Derecho griego, *res mancipi* y *nec mancipi* en Derecho romano, muebles e inmuebles en el germano (heredad, mueble en nuestros fueros), reales y personales en el Derecho inglés, etc., etc. Pero el sentido de la distinción es siempre el mismo; en ella se refleja la de los dos elementos social e individual de la propiedad que fueron los primeros en señalar Fichte en su *System der Ethik* y nuestro Cárdenas en su *Ensayo sobre la historia de la propiedad territorial en España*[13].

La potente tendencia a la unidad explicativa hace actuar también aquí, en la esfera de la propiedad romana, el concepto de soberanía. La propiedad genuina del pueblo quírite es un derecho que tiene todo el carácter de una verdadera soberanía territorial. El fundo es el territorio, la sede de la familia; el *ager* del *pater familias* es el paralelo perfecto del *ager romanus.* Como el territorio al Estado, así la propiedad quiritaria pertenece a su titular hasta el límite político de la conservación y la defensa, no simplemente hasta el límite económico de la utilización[14].

Innecesario consignar el carácter político de la *familia* romana primitiva. Toda su constitución y relaciones son de soberanía y potestad. Para la que nosotros llamamos familia, para la familia natural, los romanos no tenían vocablo.

Esta concepción de la soberanía se cifra, pues, en última instancia, en el concepto del *pater familias.* Fue un pensamiento formulado ya por Ihering el de que el

---

11 Rabel, 1. c., pág. 332.

12 Por lo demás, para Bonfante la diversidad entre Derecho público y privado es resultante de un proceso progresivo; cfr. *La progressiva diversificacione del diritto pubblico e privato, Scritti,* vol. IV.

13 *Scritti,* vol. II, pág. 236.

14 Cfr. *Scritti,* vol. II, pág. 17 s.

Derecho privado romano tiene su base, no en el Estado, sino en el *pater familias*. Por tanto el derecho del *pater familias* se puede considerar como un derecho *soberano*. Su facultad de disposición privada es *originaria* en él, regida por su voluntad autónoma, extraña y, en su origen, inaccesible al *populus*.

A otros muchos temas se ha extendido la actividad científica de Bonfante. Nombremos al menos, sus trabajos sobre el condominio, las obligaciones naturales, la solidaridad en las obligaciones (*Scritti*, vol. III), etc., etc.

Entre sus escritos políticos (*Scritti*, vol. IV) destacan los concernientes al proyecto de una unión latina y unión europea. También ha dedicado varios escritos (vol. IV) a los problemas de reforma y autonomía universitaria.

Bonfante es hoy el continuador (con la cooperación de Maroi) de las notas a la traducción del *Manual del Derecho de Pandectas*, de Windscheid, iniciadas por Fadda y Bensa.

Últimamente ha acometido Bonfante una magna exposición de conjunto del Derecho privado romano en su *Corso di diritto romano*, de que van publicados los volúmenes I, Familia; II, Propiedad (en dos tomos); III, Derechos reales y posesión, y IV, Sucesiones (Parte general).

Entre estas obras de carácter general hay que citar finalmente su *Storia del diritto romano* (hay traducción francesa) que constituye una excelente preparación para el romanista por la atención consagrada a los criterios históricos, métodos interpolacionísticos, etc.

* * *

La materia de las relaciones de vecindad es tema cuya actualidad e importancia práctica, en la creciente trabazón de la vida moderna, no necesitan ser encarecidas. Ese carácter del problema y el bello desarrollo de que Bonfante lo hace objeto bastan y sobran para justificar esta traducción. Mas a hacerla han decidido también principalmente otras dos razones que deben ser consignadas. Se trata de una materia que, como Bonfante observa, puede considerarse de derecho común, en la que se plantean cuestiones de principio de la teoría general del derecho y se colacionan criterios últimos de interpretación. La obra traducida ofrece además un modelo ejemplar de cuánto puede influir la crítica científica en la elaboración de la jurisprudencia. Los juristas italianos han hecho de la redacción de notas jurisprudenciales un arte de una eficacia y al mismo tiempo de una elevación difícilmente imitables. Que esta obra pueda servir en alguna medida de estímulo a nuestra doctrina para una labor semejante es la mayor esperanza del traductor[15].

---

15 *El criterio fundamental de las relaciones de vecindad* se publicó por primera vez en la *Rivista di diritto civile*, 1911, págs. 517-561, y luego en *Scritti*, II, págs. 774-834. *Las relaciones de vecindad y la jurisprudencia* (*Scritti*, II, págs. 835-903) recogen, resumiendo y unificando, multitud de notas de jurisprudencia que se habían ido publicando en el *Foro italiano y* en la *Rivista di diritto commerciale*.

CAPÍTULO PRIMERO

EL CRITERIO FUNDAMENTAL DE LAS RELACIONES DE VECINDAD

Sumario: 1. El criterio supremo de interpretación. —2. El problema de las relaciones de vecindad y las dos teorías fundamentales. —3. La teoría de los actos de emulación en la sociedad medieval. Su justificación económica. —4. Su fundamento jurídico. —5. La teoría del uso normal y la era de la gran industria. —6. Examen dogmático de la teoría del uso normal en su formulación primitiva y en la formulación de Ihering. —7. Crítica exegética. —8. Crítica de las teorías secundarias. —9. Nuestro punto de partida: los límites del derecho propio y las maneras de invadir la esfera del derecho ajeno. —10. Valoración social de los actos de *immittere* y de *facere* en el fundo ajeno. —11. Criterio regulador de la licitud de *immitere* y de *facere* en el fundo ajeno: *la necesidad absoluta y general del pueblo*. —12. Los daños y la acción de resarcimiento en materia de relaciones de vecindad. —13. Examen general de las jurisprudencias. —14. La responsabilidad sin culpa en el Derecho romano. *Cautio damni infecti*.

1. Las corrientes de pensamiento, las necesidades, la conciencia social de cada tiempo influyen sobre las soluciones que se dan a los problemas de carácter más general de la dogmática jurídica. Es frecuente que de época a época las respuestas que reciben las cuestiones de carácter más vital y práctico se hallen entre sí en contradicción tan tajante como suelen estarlo las respuestas que los diversos sistemas filosóficos al sucederse unos a otros, dan a las cuestiones que se debaten en los dominios de la especulación pura. Y sin embargo, ese fenómeno no implica, o por lo menos, no siempre implica, que una de las dos fórmulas opuestas sea por fuerza ilógica o antijurídica; es muy posible que ambas sean verdaderas y justas, o que contengan, al menos, aquel tanto de verdad que conduce a un resultado justo en la época en que despliegan su imperio. Cuando por faltar textos expresos hay que buscar un principio regulador supremo, cuando se intenta dar normas para una serie de relaciones cuyo carácter jurídico es indudable, pues aparecen dentro del campo de una institución jurídica, pero que carecen de regulación legal, si en tal caso falla el medio siempre inseguro de la analogía (cosa que sucede a menudo), la *ultima ratio* del intérprete jurídico está entonces en recurrir a la función de la institución, a los fines del derecho.

Pero sin que la estructura de una institución se altere sensiblemente puede cambiar la función ética, social, económica de dicha institución; puede modificarse, reducirse, extenderse o debilitarse, y la institución misma combinarse y entremezclarse con otras por la acción de fuerzas sociales nuevas. De donde resulta que la interpretación de relaciones de tipo dudoso o nuevo puede variar de época a época, y hasta de lugar a lugar; ya se ha observado muchas veces que una misma legislación, trasladada a un ambiente distinto, puede dar lugar a interpretaciones diferentes y producir también diferentes resultados; interpretaciones y resultados que pueden muy bien ser todos ellos legítimos y lógicos.

La expresión propia de este criterio supremo, inspirado en las funciones reales del derecho y seguido por los intérpretes más instintiva que reflexivamente, parece que debería estar en aquello que suele designarse con los términos de «espíritu del derecho» o «espíritu de una determinada institución». Y sin embargo, no es en este sentido indicado por nosotros, en el que se usan generalmente estas expresiones; conviene, pues, poner en claro nuestro pensamiento y no quedar en una penumbra expuesta a confusiones. Nos encontramos con dichas expresiones tan conocidas, y parece como si estuvieran en su puesto, en aquellos casos en que precisamente la razón decisiva se extrae del organismo del derecho en su estructura, o sea, siguiendo el método de la analogía; método que lógicamente, mientras el derecho no cambie no puede dictar más que una sola y misma respuesta, sea cual sea la época o el lugar en que esté en vigor la legislación de que se trate. Por el contrario, nosotros hablamos de relaciones a que no alcanzan las leyes de la analogía, relaciones en que parece que debería ser legítimo el ejercicio de aquella actividad creadora de la jurisprudencia, que hay quien invoca para sustituir a la analogía misma. No siendo partidarios nosotros de la libre creación del derecho por obra de la jurisprudencia, o mejor dicho, creyendo que en el ordenamiento de nuestro Estado no ha lugar a hablar de ella, creemos, por el contrario, que en las relaciones de aquel carácter el criterio decisivo hay que deducirlo del organismo del derecho; pero del organismo en sus funciones, en las necesidades que las diversas instituciones satisfacen; deducirlo, por expresarme así, de la posición y, eventualmente, de la reacción que adopte la sociedad frente al derecho. Y como, sin que el derecho se altere, pueden alterarse profundamente las funciones sociales a que el derecho sirve, resulta ya explicable que inspirándose en ellas puedan variar las soluciones de unas épocas a otras. Siempre que no se pierda de vista que se trata de esta aplicación tan distinta, podría aceptarse la terminología de «espíritu del derecho».

La finalidad del derecho (criterio que el jurisconsulto en realidad nunca olvida, es más, criterio que a menudo pone en primera línea, como todas las veces que habla de: el resultado más útil, la solución más práctica, etc.., etc.) puede invocarse también como criterio supremo de interpretación en todos aquellos casos de aplicación de la ley a relaciones expresamente disciplinadas por el legislador, en que los elementos ordinarios de interpretación no nos iluminen de modo suficiente y sobre todo en aquellas ocasiones en que el rigor de la letra de la ley nos arrastraría a una solución absurda. No es, como suele creerse, propia del jurisconsulto la idolatría de la letra y de la forma; no es propia, al menos, de la jurisprudencia verdaderamente científica y en posesión de medios de suficiente perfección y elevación técnica. La necesidad de coordinar un sistema legislativo y de adaptarlo a las emergencias de una vida cada vez más rica y variada, hace adquirir al jurisconsulto una intuición espontánea de la naturaleza orgánica del derecho y de sus funciones, por cuya virtud el fetichismo de la forma llega a hacérsele repugnante y extraño en absoluto.

Por lo general son no juristas o pseudo-juristas los que creen que un texto de ley puede interpretarse aislándolo, no solo de todo el sistema legislativo, sino también de todo el orden de la vida y de las relaciones reales. Las decisiones de algunos Cuerpos muy autorizados, pero ayunos de sentido jurídico, en la aplicación de algunas leyes actuales (que habrá quien puede juzgar mal redactadas, pero a mi juicio sin fundamento) pueden ofrecernos algunas muestras deplorables de exégesis de ese tipo[1].

Pero el campo en que nuestro criterio ejercita su principal imperio y en el que puede sugerir normas fundamentales nuevas de conformidad con la mudanza de los tiempos, es en el Campo de las llamadas «teorías generales del derecho». Por tanto, en este campo es necesario aplicar con rigor científico el criterio de interpretación deducido de la función de las instituciones jurídicas.

2. Precisamente el problema de las relaciones de vecindad es de los que no pueden resolverse, ni con la simple exégesis de los artículos del Código (si bien en las leyes romanas, gracias a la formación particular del *Corpus iuris,* ya la exégesis de por sí sirva de mucho), ni con las reglas de la analogía. Y es también un problema en que se manifiestan los fenómenos que hemos enunciado antes. Las teorías fundamentales no se disputan al campo, sino que se suceden en el tiempo, y, lo que es más importante, cada una de ellas responde a las necesidades y al espíritu de una época. Estas teorías pueden reducirse a las dos siguientes: la teoría de la prohibición de los actos de emulación y la teoría del uso normal de la cosa propia. Las teorías secundarias respecto de estas dos y que han encontrado acceso, a veces cumulativamente, a los sistemas legislativos, no son más que modificaciones y filiaciones de una o de otra, y por ahora prescindimos de ellas. Ahora bien, las dos teorías predominantes corresponden de hecho a dos fases diversas de la historia económica y social, así de la Antigüedad como de la Edad Moderna; y por cierto, en el siglo XIX el problema de las relaciones de vecindad, abandonando la vía marcada por Justiniano, ha venido a plantearse de nuevo en los mismos términos en que lo planteaban los jurisconsultos romanos.

---

[1] El Consejo de Estado ha interpretado una ley, que, al regular el nombramiento de los Profesores universitarios, imponía el concurso, con objeto de reaccionar frente al arbitrio ministerial, en el sentido de que con ella quedaba abolida la institución más antigua, tradicional y beneficiosa de la vida universitaria de todo país, la institución general a todo funcionario, el traslado del Profesor universitario ya nombrado. La extravagante interpretación del Consejo de Estado causó a las Universidades un verdadero trastorno y, lo que es peor, obligó a legislar de nuevo, cosa que, dado el triste momento, condujo a que se regulase el paso de una cátedra a otra de materia diversa, en modo pernicioso y antiliberal. Otra ley que, en caso de concurso a una Universidad determinada, admitía la posibilidad de nombrar para otra Universidad (de ordinario más codiciada) a los que ocupaban los lugares segundo y tercero, se interpretó en el sentido de que solo el segundo y el tercero podían ser nombrados, más no el que había obtenido el primer lugar. No sé, realmente, para qué pueda servir la fiscalización del Tribunal de Cuentas y la acción del Consejo de Estado si se han de emplear en estas bromas del peor de los gustos.
Quizá se piense que las repulsivas resoluciones a que nos referimos pueden invocar para justificarse precisamente un adagio romano: *sed ita ex scripta est.* Me han contestado realmente con semejante argumento en ocasiones en que he exteriorizado mi sorpresa por tales interpretaciones de la ley. Mas habrá que responder: *non oportet ius civile calumniari.* Aquel adagio lo emite el jurista romano comentando un precepto *perquam durum;* pero nunca toleró ningún jurista romano, ni debe tolerar nadie que de jurista merezca el nombre, interpretaciones que se hagan para regular las relaciones de modo inverso al que el legislador realmente quiso y al que el buen sentido señala. Podremos inclinarnos ante un legislador cruel o hasta injusto para nuestra conciencia, mas no podemos suponer *a priori* que el legislador sea un insensato.

3. En la era de la economía doméstica o señorial y del artesanado, la teoría de los actos de emulación, con todas sus aberraciones, ha rendido servicios eminentes. Por lo mismo que la antigua economía no estaba orientada hacia una producción extraordinaria, no exigía un uso extraordinario de las cosas propias, ni imponía una aglomeración ingente de hombres y máquinas en un mismo local. Las molestias que podía acusar el ejercicio de los trabajos del artesanado tampoco eran mayores que las de la economía doméstica o señorial. La disciplina férrea de los gremios no permitía que cada maestro tuviera más que un número limitado de operarios. Del mismo modo, para evitar que un maestro se elevase sobre los otros y para evitar la concurrencia, esa misma disciplina reglamentaba y limitaba la producción, los precios y los salarios. Los maestros rivalizaban entre sí en la calidad, no en el bajo precio ni en la cantidad. Un orden de cosas semejante no podía excitar las inteligencias a ingeniarse para reemplazar el utensilio, que ayuda el trabajo del hombre, por la *máquina,* que sustituye el trabajo del hombre y aun el de muchos hombres; quedaba así cerrado el paso a la creación de grandes explotaciones. Por otra parte, el régimen de las corporaciones reunía y aglomeraba los oficios similares en distritos y barrios propios, de suerte que, sin esfuerzo y sin coacción, se imponía la tolerancia recíproca, casi como por efecto de una ley natural como una *recíproca necesidad.* Sin duda que en este régimen inició también su aparición la figura del gran industrial que tiene todos los hilos de una vasta organización. Así sucedió, especialmente, en Italia, en sus buenos tiempos; pero aquel tipo no era más que el del gran comerciante, que tiene su mercado en el extranjero y distribuye sus comisiones entre la serie de los artesanos. Si bien esta intervención altera substancialmente los fines y el espíritu del régimen corporativo, en cambio no modifica en nada la contextura del mismo, sino que se pliega a ella, y no engendra la *fábrica,* característica de la gran industria moderna. Los artesanos, al servicio en forma larvada del gran empresario en Milán, en Luca, en Florencia, siguen diseminados en sus barrios o hasta en el campo, mientras los directores o agentes, en continuo movimiento para vigilar y coordinar, son los órganos más silenciosos de esta organización imponente, pero oculta y, por así decirlo, fluida.

En este régimen, por tanto, el *uso extraordinario* no podía ser consecuencia de una *necesidad económica,* sino de una hostilidad deliberada, que arrostra, no solo la falta de utilidad propia, sino a veces también el propio daño. Además, la Edad Media, era clásica de la doctrina, es también la era de las mayores desigualdades sociales «entre aquellos que solo un muro y una zanja separan». Frente a estas desigualdades, nuestras luchas de clases son torneos pacíficos; era una época de contiendas pequeñas y grandes, de odios mortales entre vecinos nacidos de una causa cualquiera, pero perpetuados de generación en generación con tal violencia de sentimientos que ni siquiera el piadoso Dante se libra de ella; a él mismo le desgarra y le hace llorar la muerte violenta de aquel pariente, que sus compañeros de vergüenza no habían sabido vengar aún. En toda la historia de la Humanidad, jamás sacudió tan profundamente los ánimos el espíritu de emulación, ni jamás suscitó con tan grande energía obras tan valiosas e imperecederas, ni luchas tan atroces y mezquinas. Apareció entonces la teoría de los actos de emulación como el instrumento más adecuado para reprimir aquello que, dadas las condiciones económicas, no podía ser otra cosa que expresión del puro despecho y que era cosa más que frecuente, normal en aquellas condiciones sociales. Y aquellas máximas que probablemente el pío emperador había interpolado (o que al menos había alterado en su significación originaria, dándoles un relieve excesivo) en los fragmentos de los jurisconsultos: *neque malitiis indulgendum est; si non animo nocendi id fecit*, etc., suministraron los materiales para la construcción de un edificio de puro estilo cristiano.

4. La teoría de los actos de emulación tiene el defecto de insinuar elementos éticos y psicológicos en un campo como el de las relaciones de vecindad en el que, con toda seguridad puede decirse, el Derecho romano —no obstante las peligrosas referencias a vagas motivaciones clásicas o a las reglas interpoladas por Justiniano en la materia especial de las aguas— no los admitía. Ni tiene por qué admitirlos el derecho de ningún país liberal, bien ordenado, libre de violentas diferencias intestinas. Pero si los textos en que se apoyaban los jurisconsultos medievales y si el espíritu genuino del Derecho romano, dentro de la sociedad romana, eran extraños a semejante doctrina, las consideraciones que hemos hecho antes sobre las condiciones de la sociedad medieval nos autorizan a indagar si acaso los autores de aquella teoría no fueron llevados a sus construcciones, aparte de por el espíritu que animaba las reformas justinianeas, por una lógica más irresistible que la de los textos: la lógica de las cosas.

Ahora bien, me parece, ante todo, que hasta desde un punto de vista general y prescindiendo de las condiciones específicas de la vida social de la Edad Media, la teoría de los actos de emulación tiene, por así decirlo, una inspiración lógica más seria que la fórmula del uso normal. Y ello es lo que explica su vitalidad persistente hasta el día de hoy. Cuando, en ausencia de textos expresos, se trata de fijar un principio regulador supremo, el recurrir a los principios éticos puede justificarse como recurso a los fines supremos del derecho; y eso sin contar con el carácter positivo e imperativo que, por influjo del cristianismo y del poder de la Iglesia, asumían en el mundo medieval los preceptos en que se basaba la prohibición de los actos emulativos. Tanto más legítima se encontrará esta justificación, si se atiende al que, en última instancia, era el fundamento de la famosa teoría y el índice empírico de su esfera de aplicación. Es la utilidad o no utilidad propia con que se ejecuta el acto que lesiona el interés ajeno, el rasgo característico con que se define el acto de emulación por los jurisconsultos medievales; así como es el rasgo por el que en toda época se ha identificado prácticamente dicho acto. Y ya hemos visto cómo el ejercicio o el resultado *útil* son fórmulas de la práctica que representan aquella tendencia inconsciente a considerar la función de la institución como criterio supremo. En el campo mismo de la propiedad, la función económica de este derecho fundamental es la que nos permite fijar sus límites en una esfera análoga a las relaciones de vecindad, esto es, en el espacio aéreo y en el subsuelo, eliminando el absurdo teórico del *usque ad sidera* y *usque ad inferos*. Una galería abierta al pie de una montaña no representa una violación del dominio de quien tiene un fundo en la cumbre. Del mismo modo, este propietario no tiene derecho a los metales y a los objetos que acaso se encuentren excavando la galería, ya que, económicamente, es un absurdo que partiendo de su fundo pueda llegar a explotar sus vísceras a una profundidad de miles de metros. Distinta sería la solución en las relaciones de soberanía, dada la diversidad de función de las relaciones políticas. El Estado podría prohibir por razones políticas de defensa y en virtud de su derecho soberano, la navegación aérea de los extranjeros a cualquier altura; y prohibirla también sobre el mar propio, que, si no es susceptible de propiedad, es susceptible de soberanía. Y así también, podría prohibir la apertura de galerías a cualquier profundidad. Pero el particular no tiene semejante derecho mientras no se lesionen los intereses de su ejercicio o de sus cultivos. La propiedad romana, que conserva todavía los rasgos fundamentales de su origen soberano, ofrece un hermoso ejemplo de una relación en que el nuevo espíritu constriñe a una interpretación disconforme con los elementos originarios y supremos de su estructura.

Por lo demás, la reflexión nos haría percibir la quiebra de esta argumentación aplicada a la teoría medieval; pues la ley no marca los límites de la propiedad en el espacio aéreo y en el subsuelo, ya que sería absurdo que la expresión por encima y por debajo del fundo (Código civil italiano, art. 440; artículo 350, Código civil español; cfr. el apéndice de Derecho español) significase *usque ad sidera* y *usque ad inferos*. Somos, pues, nosotros los que tenemos que fijar esos límites con criterios de lógica; y, en última instancia, la guía lógica del razonamiento muy bien puede darla la utilidad del titular, o sea la finalidad de la institución. Pero los confines horizontales de la propiedad son claros y nítidos: ¿y cómo, ni en virtud de qué lógica, se puede por puro arbitrio restringir un derecho netamente definido, a los límites de la utilidad con que su titular lo ejercita? He aquí el escollo con que tropieza la teoría de los actos de emulación.

Esta objeción, decisiva desde un punto de vista general, no lo es si nos situamos en el mundo medieval, en que la teoría apareció. Ya hemos explicado las razones. Aquella sociedad estaba constituida de tal suerte que se imponía un freno a la emulación; y por otra parte, como ya hemos dicho, la emulación era el único impulso, e impulso antieconómico, que podía conducir a hacer un uso excesivo de la cosa propia. Y si bien ni la intención de hacer daño, ni la falta de utilidad propia pueden establecerse como límite del ejercicio de los derechos más que cuando así lo disponga un texto expreso, en cambio ese límite puede establecerlo *la necesidad de la coexistencia social*. La *necesidad* es la frontera de todo derecho; una invasión de mi esfera jurídica producida por la necesidad no puede ofenderme, como no puede ofenderme la producida por fuerzas naturales. Ciertamente, tanto en el derecho privado como en el derecho público[2] es fácil extraviarse una vez que se ha tomado este camino; mas no cabe negar que las condiciones de aquella sociedad hace tanto extinguida, permiten dudar de que realmente, en sus fundamentos, la teoría de los actos de emulación significase para aquella época un extravío.

5. Nacida en Inglaterra a fines del siglo XVIII y extendida por el continente durante el siglo XIX, la gran industria moderna, con el régimen de fábrica, con el empleo de las máquinas y del vapor, ha alterado los términos del problema; ahora contra lo que había que reaccionar era contra los avances excesivos, pero no condenables, de la moderna economía. El punto de partida de nuevas investigaciones lo suministraron las decisiones genuinas de los jurisconsultos romanos; una ley especialmente parecía ofrecer la solución buscada (L. 8, §§ 5-6, D., 8, 5), ley en que varios jurisconsultos discuten ampliamente sobre aplicaciones espinosas de la *immissio*, resolviendo en el sentido de que es posible que haya una inmisión de humo o de vapor lo mismo que la hay de agua, y que por ello no hay obliga-

2 (Cuando escribíamos estas palabras estábamos lejos de imaginar que la guerra mundial habría de traer una comprobación tan dolorosa de este recurso extremo y de la tremenda facilidad de abusar de él).

ción de soportarlas si no existe una servidumbre; pero estableciendo distinciones según que se trate de una fábrica de quesos, de una casa de baños, o bien de humo del propio hogar.

Y así, en uno de los países que primero tuvieron gran industria, en aquel en que todavía estaba vigente el derecho común, alboreó la teoría del uso normal. Esta teoría se inspira, o se inspiró al menos en su primera forma mucho más que la teoría de los actos de emulación, en el concepto de la *immissio,* tratando de establecer una línea de demarcación entre las inmisiones lícitas y las ilícitas, conciliando así los intereses en conflicto y las controversias que se habían suscitado en la práctica sobre el rigor de la inmisión. Efectivamente, la opinión dominante se pronunciaba en el sentido de que el propietario no podía hacer *in suo* (esto es, dentro de los linderos de su fundo) nada que tuviera por efecto, aunque fuera indirecto, una inmisión en el fundo vecino; pero frente a esta había surgido otra opinión que guardando mayores contemplaciones a la actividad del propietario e interpretando de modo rígido o, por decir mejor, unilateral el principio *qui suo iure utitur neminem laedit,* reconocía que estaba prohibido arrojar o verter directamente materias en el fundo vecino, pero estimaba que no se podía reprimir la inmisión cuando fuera consecuencia de una actividad ejercitada en el fundo propio, esto es, que las llamadas inmisiones indirectas eran plenamente lícitas.

La teoría del uso normal conciliaba los dos puntos de vista opuestos: están *prohibidas* (a más de las inmisiones directas) *aquellas inmisiones indirectas que derivan de un uso extraordinario que exceda de las necesidades y de la esfera de la vida normal;* están permitidas las que *derivan de las necesidades de la vida cotidiana.* El vecino tiene que tolerar el humo producido por la vida normal, derivado de las necesidades de calefacción y de cocina; no tiene que soportar, en cambio, el humo producido por aparatos especiales, destinados a un uso extraordinario, por ejemplo, a ahumar quesos o a calentar baños. Análogamente, debe tolerarse el polvo producido por la limpieza de la casa, por el cepillado de los vestidos o el vareo de los colchones, pero no el causado por un establecimiento de limpieza de grano. Se ve claramente que era el espectáculo de la gran industria el que daba esta nueva dirección al pensamiento. Una de las fórmulas con que, en Alemania, se expresaba el nuevo concepto, se inspiraba de modo todavía más franco en el propósito de poner un freno a la prepotencia de la fábrica: son lícitas las inmisiones que resultan de operaciones hechas a mano, ilícitas las que proceden de operaciones hechas con máquinas o aparatos y artefactos. Fórmula que también tiene un engranaje en las fuentes romanas (L. 8, § 6, D., 8, 3), pero que es mucho menos elástica y práctica que la ordinaria.

Pero frente a los males de la gran industria sé demostró que era insuficiente la teoría de las inmisiones por usos normales o usos extraordinarios. Las sacudidas, las trepidaciones, los hundimientos por la repercusión de la actividad ejercitada en el fundo vecino no pueden comprenderse, contenerse, en el concepto de inmisión. Además, se entendía de modo tan mezquino este concepto, que resultaban excluidos de él, no solo los estrépitos o los rumores, sino también los olores hediondos, a pesar de que en este último caso la misma física reconoce que hay una difusión de substancias corporales, aunque sean invisibles, que no siempre lo son. Finalmente también son frecuentes en la vida social las molestias para el sentido de la vista y parecía grave el que no se pusiera remedio a ellas. A todas estas exigencias atendía la teoría desarrollada por Ihering, quien le dio una base mucho más amplia al adoptar el criterio del uso normal.

Por tanto, la teoría del uso normal no es creación de Ihering; ya antes de él era la dominante en Alemania, en la doctrina y en la práctica del derecho común[3]. Ihering la expuso en un brillante artículo[4] y le dio, al mismo tiempo, una mayor amplitud, que la ponía más en consonancia con las exigencias de los tiempos. La teoría de Ihering se puede resumir en los siguientes términos; la pura y simple prohibición de la *immissio,* el principio *in suo hactenus facere licet, quatenus nihil in alienum immittat,* es un concepto demasiado mezquino; sin necesidad de introducir la menor substancia en el fundo vecino pueden causarse a los vecinos gravísimas molestias. La prohibición debe alcanzar a todo *influjo* (*Eingriff*) directo o indirecto ejercido sobre el fundo vecino; con esto, además: que deben prohibirse de modo absoluto todos los influjos que inician directamente sus efectos en el fundo vecino, o sea, (del mismo modo que antes se estaba de acuerdo en prohibir las inmisiones directas), los influjos directos; mientras que *los influjos que comenzando sus efectos en el fundo del que realiza los actos, los prosiguen en el fundo vecino, o sea, los influjos indirectos, solo deben prohibirse en el caso de que sean nocivos para la cosa o molestos para las personas en medida superior a la tolerable ordinariamente.*

6. También la teoría del uso normal se inspira en las fuentes romanas, y desde luego se acerca al pensamiento genuino de los romanos más que la teoría de los actos de emulación. Puede decirse que si la teoría de los actos de emulación surge en base a las interpolaciones justinianeas, la teoría del uso normal parece dictada por los fragmentos del derecho clásico. Con todo, este paralelismo es aparente por lo menos en parte. El límite del uso normal responde a un pensamiento bastante práctico sin duda, pero arbitrario e injustificado. Además, si el punto de partida originario, la *immissio,* pecaba por defecto, la fórmula de Ihering, al substituir la inmisión por el *influjo,* peca por exceso y puede llevar a aplicaciones y resultados tan extraviados como instructivos para quien sepa recoger las advertencias que en ellos se manifiestan.

Examinemos el valor teórico de esta doctrina, que por cierto, prescinde de todo intento de demostración lógica. No recurre a los principios generales, como hacía la teoría de los actos de emulación, y puede decirse que desde el punto de vista de los principios es menos justificable que la teoría de los actos emulativos. Ihering, que fue quien le dio mayor desarrollo, podía haber intentado demostrarla lógicamente; pero había tomado el partido de reaccionar contra la jurisprudencia conceptual y de dar relieve a los criterios prácticos. De otra parte, podríamos preguntar qué lógica puede autorizar la restricción del ejercicio útil de mi derecho a una medida media que quizá me impida el disfrute más natural de la cosa; o viceversa, con qué fundamento se puede imponer a un propietario la tolerancia de repercusiones molestas, *so color* de que para la generalidad de los hombres, molestas no lo son y de que la medida de sensibilidad y de tolerancia que hay que tener en cuenta es la intermedia y corriente.

---

3 Cfr. Werenberg, *Jahrubcher fur die Dogm. des Rechts,* vol. VI, 1863 y los autores y sentencias citados en la página 59-60, notas 38 y 39; véase sobre todo Spangenberg, en *Archiv fur die civil Praxis,* vol. IX, 1826, pág. 263 y sig.

4 *Jahrbucher fur die Dogm. des Rechts,* vol. VI, 1863, pág. 81 y siguiente; en *Gesammelte Aufsatze,* Jena, 1882, pág. 22 y sig.

Al abandonar el terreno de la inmisión también cabría preguntar a la fórmula de Ihering cuáles serían los influjos que pudieran quedar fuera de discusión todas aquellas veces en que pudiesen resultar, según los casos, nocivos para la cosa o excesivamente molestos para las personas. Pues toda alteración del fundo vecino, toda disminución de valor económico que el vecino sufra por efecto de obras no enteramente usuales hechas en mi fundo, pueden atribuirle el derecho a pedir la suspensión de las obras o por lo menos el resarcimiento de daños. Cuando se llega a un cierto extremo hay un sentido jurídico, que debe tener hondas raíces, y una intuición práctica que aconsejan detenerse y no avanzar más por la vía en cuestión; y es lo cierto que ni en los secuaces de Ihering, ni en Ihering mismo escasean las soluciones erróneas y los razonamientos falsos que revelan la inconsistencia del principio.

Se dice, por ejemplo (y es el ejemplo clásico de las fuentes) que el cortar los veneros de agua del manantial del vecino es un acto normal que ni puede prohibirse ni da derecho al resarcimiento de daños. (Sobre derecho español véase apéndice I.) ¿Pero por qué? Es evidente que si se dice que este acto es de uso normal es sencillamente porque la respuesta, rigurosamente lógica, al caso jurídico viene dictada por la tradición: efectivamente, las fuentes deciden de modo expreso y reiterado esta cuestión (L. 24, D., 39, 2; L. 1, § 12; L. 21, D., 39, 3). Y sin embargo, difícil sería encontrar un uso de la cosa propia menos normal que ese, por lo menos, siempre que se hiciera no para obtener todo el beneficio del agua, sino, simplemente, por ausencia de precauciones en las obras hechas sobre el fundo propio o incluso por dolo. Se dice que es un uso anormal y que debe ser impedido, la contaminación del manantial del vecino resultante del ejercicio de una industria. Evidentemente, tal cosa debe impedirse, pero resulta poco razonable hablar de anormalidad cuando se trata del ejercicio de una actividad útil en sí y útil a la nación, y declarar en cambio normal en el primer caso la operación nociva. Lo cierto es que en el primer caso no hay inmisión en mi fundo, y en el segundo la hay de substancias venenosas, habiendo, por tanto, invasión en la esfera jurídica de otra persona[5]. Es este el motivo jurídico, que a Ihering escapa, por el cual en el primer caso no hay *damnum* en sentido propio, esto es, daño jurídico, y en el segundo caso, en cambio, sí.

Una reflexión muy sencilla nos muestra que son esos los verdaderos términos de la cuestión: el propietario de la fábrica podría contaminar e inficionar tranquilamente el manantial, con tal que impidiese después que el agua inficionada llegase a penetrar en el fundo vecino.

El segundo caso que trata Ihering está resuelto precisamente por los jurisconsultos romanos en un texto que ha suscitado mil dificultades, hasta desde el punto de vista de la lectura diplomática, siendo en realidad enteramente correcto. Se trata de la L. 3, pr., D., 39, 3: *Ulpianus, libro quinquagensimo tertio ad edictum: Apud Trebatium relatum est eum, in cuius fundo aqua oritur, fullonicas circa fontem instituisse et ex his aquam in fundum vicini immittere coepisse: ait ergo non teneri eum aquae pluviae arcendae actione, si tamen aquam conrivat vel si spurcatn quis immittat, posse eum impediri plerisque placuit.*

---

5 Los dos casos que Ihering estudia contraponiéndolos, loc. cit., pág. 119, son discutidos y resueltos repetida y paralelamente con el criterio del uso normal o anormal por Sorge-Vadalà, *I rapporti di viciato*, págs. 124, 167, 249, etc.

Un individuo había establecido una tintorería junto a una fuente y echaba el agua de la tintorería en el fundo vecino. Trebacio no concedía la *actio aquae pluviae arcendae* contra tal inmisión. Ulpiano también la rechaza, y debe rechazarse, tanto porque el agua de manantial no es agua de lluvia[6], cuanto porque el agua discurre naturalmente sin aumentar en cantidad ni en fuerza; no hay pues verdadera inmisión. Pero, agrega el mismo Ulpiano (y con él la opinión dominante: *pleris que placuit*), puede ejercitarse acción cuando el propietario de la tintorería canalice el agua para hacerla pasar al fundo vecino (*aquam conrivat*), o bien cuando deje pasar al fundo vecino *aqua spurca*; entiéndase, por consecuencia de los trabajos de la tintorería[7]. No hay que decir que esta acción es en Derecho romano la negatoria, ya que no se trata de agua pluvial.

La teoría de Ihering encuentra un campo de aplicación bastante frecuente en la gestión de las casas de lenocinio. Se ha llegado hasta a obligar a los tenedores de esas casas a indemnizar a los propietarios de los edificios contiguos por la disminución de valor que su propiedad sufría[8]. Ciertamente la repugnancia que produce el

---

6 Cfr. el mismo Ulpiano contra Trebacio, en el § 1 de esta misma cita.

7 Las instalaciones de la gran industria moderna a lo largo de las riberas de los ríos y la inmisión en ellos de las aguas inficcionadas hacen disminuir la pesca y hasta llegan a acabar con ella en grandes extensiones. En mi opinión los perjudicados tienen perfecto derecho a reclamar (cfr. *Rivista mensile di pesca*, vol. 1907, págs. 254 y 259, que menciona conflictos de este tipo en la provincia de Ferrara); mas todo lo que tiene de nítido el *responsum* de Ulpiano tendría de insulsa la aplicación de la teoría de Ihering.

8 Esta cuestión ha merecido ser tratada por Vittorio Scialoia en una nota a la sentencia de 12 de abril de 1880 del Tribunal de Casación de Turín (*Foro italiano*, vol. V, 1880, pág. 1.040). La sentencia anotada era contraria al resarcimiento. Scialoia cita sentencias favorables al resarcimiento anteriores y posteriores al Código civil, pero reputa justa la resolución del Tribunal Supremo de Turín por no haber daño jurídico, lesión del derecho. Pero los secuaces puros de la teoría de Ihering no carecen de lógica desde su punto de vista, pues si se trata de establecer un límite a la actuación del propio derecho y si este límite está dado por el ejercicio de una actividad anormal, aunque sea siempre dentro de la esfera del derecho, no cabe duda de que la gestión de una casa de lenocinio es anormal bajo todos los aspectos por ser la manifestación industrial más impura que cabe imaginar.

Cita en cambio Scialoia, dándoles con justicia su aprobación, una serie de sentencias en que existe responsabilidad del inquilino frente al arrendador y del arrendador frente al inquilino por haber establecido cualquiera de los dos casas de lenocinio en el edificio, y así también casos de responsabilidad entre condueños o entre propietarios de casas con entrada común Pero estamos en estos casos en un orden de ideas distinto que, como veremos, sirve, por el contrario, de prueba de la falsedad de la teoría de Ihering. Brugi reproduce y comenta ampliamente una de estas sentencias (*Della propietà*, págs. 184-186). Es una sentencia del Tribunal de Apelación de Luca de 2 de noviembre de 1866, confirmada por el Tribunal de Casación de Florencia el 25 de junio de 1867 (*Annali di giurispr. italiana*, I, 2, 66: I, 1, 228). So trataba de una casa, tenida en comunidad pro diviso, cuyo primer piso había sido alquilado por su propietario para que sirviera de dispensario para la inspección sanitaria de las prostitutas. Los propietarios de los demás pisos reclamaron indemnización por daños. La sentencia los fue favorable, pero las consideraciones en que se basaba eran erróneas. La sentencia de instancia insistía en que «el que hace daño con hechos ilegítimos está obligado a resarcir, tanto si el daño consiste en el deterioro material de la cosa o en la lesión de la persona como si, sin dejar rastro tras sí, se traduce en descrédito o disminución del valor de la casa» y hablaba además de abuso del derecho de propiedad, del destino extraordinario que se da al fundo propio, etc.

El Tribunal de Casación reitera a su vez que no es solo el daño causado por inmisión el que es resarcible (invoca la L. 24, § 12, D., 39, 2, y la L. I, D. *de ripa munienda*, 43, 15); que el que

espectáculo del vicio y de la impudicia entorpece la percepción de lo extraña que es una solución semejante; solución que, por lo demás, no debe su paternidad a Ihering. Con el mismo criterio podría reclamar cualquiera por la vía civil que fuese alejado un embalsamador de cadáveres, o un comerciante de ataúdes o un consultorio médico-quirúrgico o un pabellón clínico o una familia harapienta; o si no reclamar que los alejaran, sí pedir, al menos, una indemnización, porque en aquel barrio semejante vecindad es anormal y deprecia su fundo. Podría impedirme también el hacer un jardín colgante o levantar una cúpula sobre mi edificio, pues que, evidentemente, se trata de obras anormales en nuestro país y, por tanto, no sería justo que el vecino tuviera que soportar la privación de luz que para él resultase. Podría impedir a la Administración pública que instalase un cementerio junto al barrio en que él habitaba o exigir una indemnización por la depreciación sufrida por su edificio, depreciación que puede ser muy grande, por ejemplo, en un barrio de *villas* o en una ciudad que sea estación balnearia.

Con el criterio del uso normal pretende Ihering resolver un caso de tipo singularísimo. Los propietarios colindantes con una fábrica de azúcar se aprovechaban de ella manteniendo una cría enorme de abejas[9]. Se dice: es lícito tener abejas, pero en medida normal, no excesiva.

Pero ¿qué papel hace aquí la normalidad? Aun en la misma economía de la época actual las abejas no afectan sensiblemente a la cosa vecina, aunque los propietarios colindantes las tengan en gran cantidad, siempre que se limiten a libar el néctar de las flores. Y hasta pueden ser útiles sirviendo para la difusión del polen de una flor a otra; pero en cambio perjudicarán mi propiedad, aunque estén en escaso número, cuando se den a alimentarse del azúcar.

Ihering incurre en un equívoco quizá todavía más grave, cuando explica con su concepto del uso normal, la responsabilidad en Derecho romano por el daño que se causa al vecino al hacer excavaciones en terreno propio. Tengo libertad de excavar a la profundidad que quiera..., pero no me está permitido hacerlo tan cerca de la casa vecina que esta pueda correr peligro de hundirse; el vecino tiene acción para impedirlo en virtud de la *cautio damni infecti*[10].

Se confunde aquí la responsabilidad por el daño causado a la cosa ajena con los actos lícitos o ilícitos en las relaciones de vecindad. Es cosa perfectamente lícita el hacer excavaciones junto al lindero de mi vecino en tanto que no haya prescripción especial alguna sobre distancias y precauciones a guardar que limi-

---

se excede en el ejercicio de su derecho incurre en culpa; habla igualmente de un uso nuevo e insólito, etc., y enfrenta contra la máxima *qui iure suo utitur,* aquella otra *damnum facit qui id facit quod facere ius non habet.* Navegamos por un mar de equívocos y confusiones de lógica, porque no se discute en nada el daño resarcible y se discurre malamente de excesos y de culpa. Lo importante es sabor si ha habido daño en sentido jurídico, esto es, lesión del derecho ajeno; y lo que queda precisamente por probar es que el propietario haya hecho *quod facere ius non habuit.*

Aunque hubiera sido contrario a la decencia el destinar el local a aquel aso, siempre se hubiera podido responder: *non omne quod licet honestum est.* Pero, además, en nuestro caso el uso, la visita sanitaria, no tenía nada de inmoral. Es peligroso e inutiliza la labor de la ciencia el dar aprobación a motivaciones semejantes y el confundir la decisión con su desdichada fundamentación.

9 Ihering, loc. cit., págs. 119-120.

10 Ihering, loc. cit., pág. 117.

ten aquella facultad; pero en esta operación como en toda operación que yo realice, por lícita que sea y aunque sea con cosa mía o sobre cosa mía, puede ocurrir que yo resulte obligado a responder del daño que haga a otro; siempre, claro es, que se den las condiciones normales de la responsabilidad por *damnum iniuria datum,* esto es, lesión jurídica y culpa. El Derecho romano prescinde de la culpa para esta responsabilidad nacida de las relaciones de vecindad, pero puede hacer eso por haber creado una institución como la *cautio damni infecti,* ignorada para los modernos en su amplitud clásica, por virtud de la cual quien teme que le resulte un daño de cualquier operación del vecino *in suo, in alieno, in publico,* puede exigir anticipadamente como garantía, la prestación del resarcimiento eventual[11].

7. En cuanto a la pretendida demostración exegética que trata de obtener el sufragio de las leyes romanas para imponer al derecho moderno la teoría del uso normal, no es más que una apariencia, y por lo que respecta a los textos aducidos por Ihering, más que apariencia, falacia. Digamos sobre ella algunas palabras para disipar esa aureola que dificulta el que se someta a la doctrina a un examen exento de prejuicios.

El verdadero eje de la teoría del uso normal es una ley aducida ya por otros escritores con anterioridad a Ihering, la famosa L. 8, §§ 5-6, D. *si serv. vind.,* 8, 5. Pero esta espléndida ley solo beneficia en parte a la teoría del uso normal, en aquella parte que esta teoría tiene de verdadera; en realidad la interpretación teórica correcta de esta ley ha sido traicionada, como veremos, en la doctrina del uso normal. Resulta interesante observar cómo ante el mismo Ihering resplandeció por un momento el verdadero pensamiento del jurisconsulto romano y cómo se apresuró a desecharlo. En cuanto a la L. 18 D., 8, 2, citada por Ihering, nada tiene que ver con la cuestión; se habla en ella de responsabilidad por daños, de la *actio in factum* (un sustitutivo de la *actio legis Aquiliae)* y de la *cautio damni infecti.* En cambio la L. 19, D. *eod.* parece pronunciarse clara y decididamente a favor del uso normal: el vecino debe soportar el baño instalado por mí junto al muro divisorio, *quamvis umorem capiat paries;* solamente en el caso: *si talis sit usus tepidarii ut adsidum umorem habeat paries et id noceat vicino* puede este negarse a seguirlo soportando[12].

Realmente resulta un poco extraña, aunque no se lo pareciera así a Ihering, la obligación de soportar la inmisión de humedad, por moderada que sea, en la pared en que se ha instalado un baño. Pero es que en el texto se habla precisamente de una *pared común;* cada uno de los vecinos tiene derecho a ella y, por lo tanto, cada uno puede usar de la pared, aunque esta tome humedad, con tal que la humedad no sea tan grande que llegue a dañar la cosa común. Estamos en el campo del condominio. En él los principios aplicables no son los de la inmisión, sino los de colisión de derechos sobre una misma cosa. La inmisión en el muro común es perfectamente lícita, y el condueño vecino no tiene derecho a querellarse mientras la cosa no

---

11 Más singular es aún que se intente explicar con el criterio del uso normal, el ejercicio del derecho de levantar construcciones en el fundo propio a la altura que se quiera: Sorge-Vadalá, loc. cit., pág. 247. El cortar los manantiales que brotan en el fundo propio es unas veces uso normal y otras anormal, loc. cit., pág. 249.

12 Cfr. por ejemplo, L. 4, D. *de serv. leg.,* 33, 3, en que se discute también la hipótesis del *paries communis: neque me neque te agere posee ius non esse alteri ita immissas (trabes ins.) habere, nam quod communiter socius habet, et in iure (eodem iure scr.) eum habere constat.*

reciba un daño[13] Los textos (L. 17, § 2, D., 8, 5) tratan también el caso de humedad producida en una pared de propiedad exclusiva del vecino. En este caso la inmisión se prohíbe sin más ni más, y se puede entablar la acción negatoria sin necesidad de que haya un daño o un *adsiduus umor*: el daño (*si quid ex ea re damni sibi datum esset*) solo es condición precisa para entablar la acción fundada en la *cautio damni infecti.* La jurisprudencia moderna resuelve un caso análogo al de la L. 19, D. 8, 2: el de las casas de lenocinio establecidas en un piso de un edificio. En semejante caso los propietarios e inquilinos de los otros pisos deben tener acción siempre, porque hay en el edificio partes comunes a todos, por ejemplo, la entrada, las escaleras, en que tienen que sufrir las molestias de una frecuentación de tipo inmoral. Pero precisamente estos ejemplos demuestran que no debemos confundir ni mezclar la doctrina de la propiedad y de las relaciones de vecindad con las colisiones que nacen de la concurrencia de varios derechos sobre una misma cosa[14].

8. La teoría del uso normal y la teoría de los actos de emulación constituyen los dos tipo fundamentales de los llamados sistemas objetivo y subjetivo. Las teorías secundarias recargan las bases dudosas de una y otra con errores de mayor bulto aún, y algunas de ellas son absolutamente equívocas, esto es, se imaginan que resuelven un problema que ni siquiera perciben o ni siquiera plantean. Podemos prescindir de la llamada teoría de la prohibición de inmisión material o corporal. Realmente, esa teoría no da criterio alguno regulador de las relaciones de vecindad. No constituye más que un punto de partida; en otros términos, no es más que la expresión del derecho autónomo de cada propietario, no de un límite general puesto al carácter absoluto de la propiedad. La prohibición de la inmisión ha podido aparecer como un criterio positivo regulador de las relaciones de vecindad, gracias a las críticas con que le atacó Ihering para substituirlo —en cuanto punto de partida— por el concepto más amplio del *influjo.* En realidad, no es en esta substitución en donde está la medula de la teoría de Ihering, sino en el viejo criterio del uso normal de la cosa, al que Ihering dio un ámbito más vasto de aplicación substituyendo la *inmissio* por el influjo.

---

13 Ihering aduce incidentalmente otro argumento exegético todavía más errado, loc. cit., pág. 93. Trae a colación el principio de que el propietario está obligado a soportar que las raíces del fundo vecino penetren bajo el suyo mientras no dañen los cimientos de su edificio, para demostrar que el Derecho romano no había dado a la propiedad mobiliaria «aquella configuración rígida que exigiría la lógica desnuda de su concepto». Y agrego: «resulta de aquí que está igualmente obligado a soportar la proporción ordinaria de humedad que penetra en su fundo por el derrame del agua o por la instalación de cisternas o de estercoleros; mientras que no está obligado (de igual modo que no lo estaba en el caso de las raíces de los árboles) a soportar un daño que provenga de un derrame excesivo o extraordinario o de una canalización de aguas, o de una instalación defectuosa». Ahora bien, en la ley que cita Ihering (L. 6, § 2 D., 47, 7) y a la que se puede agregar la L. 1, Cód., 8, 1, que podría parecer aún más en su favor, no se dice que haya obligación de tolerar las raíces que penetran; solo se dice que no s e las puede cortar por propia y privada iniciativa: que hay que ejercitar la acción. Esto se debe, en mi opinión, a la misma razón por cuya virtud no se puede cortar el *protectum* (L. 25, § 1, D., 9, 2), esto es, que las raíces forman un solo cuerpo con el árbol y que por tanto, debe invocarse la intervención de la autoridad, que podrá imponer que se proceda con aquellas determinadas precauciones que estime necesarias. Por otra parte el principio que se quiere descubrir en la citada L. 6, § 2 (evidentemente corrompida e interpolada en la conclusión) sería siempre de carácter positivo y especial.

14 Cfr. Sorge-Vadalá, loc. cit., especialmente págs. 97-228.

Gozan de mucho favor en la doctrina civilística algunas fórmulas insignificantes y ambiguas que desvirtúan el problema, desplazándolo al campo de la responsabilidad por daños causados a la cosa ajena. Se dice con carácter general, que en el ejercicio del derecho propio no debe causarse perjuicio a otro y se invoca la responsabilidad por culpa y el art. 1.151 (art. 1.902, Código civil español). Mas, ¿qué dicen estas fórmulas generales? Ante todo: no afectan a la cuestión de las relaciones de vecindad, o sea, al límite que hay que fijar al ejercicio del derecho propio, sino que conciernen al daño causado a otro por este ejercicio.

Ahora bien, siempre que haya un verdadero daño jurídico causado a la cosa del vecino, una lesión efectiva del derecho ajeno, será responsable, evidentemente, el agente culpable, y no podrá alegar la cómoda excusa *qui iure suo utitur neminem laedit*, pretextando que actuaba con la cosa propia o sobre la cosa propia. No podrá responder cándidamente que está en el ejercicio de su derecho o que usa de su fundo y de su cosa, quien, sin tomar las debidas precauciones, quema estopas u otra substancia cualquiera en su fundo y con su imprudencia deja que el incendio se extienda a las construcciones o a las mieses del vecino; ni quien para demoler por un procedimiento económico una choza, le prende fuego, sin preocuparse de que las llamas se propaguen a los edificios vecinos. La excusa sería tan absurda como la de quien habiendo herido a un transeúnte por disparar imprudentemente su fusil, dijese que él no era responsable porque el fusil era suyo y él no hacía más que usar de su cosa. Ciertamente, salvo en los casos en que la ley lo restrinja o en que dé facultades de restricción a la autoridad judicial (cfr. Código civil, artículos 573, 574, 578, 699, etc.) (artículos 389, 589, 590, 591, etc. del Código civil español), o en que dé al particular medios de garantía, como hacía el Derecho romano, actos semejantes no pueden reprimirse preventivamente ni siquiera cuando hay peligro de consecuencias nocivas; solo puede pedirse la indemnización por el daño ya realizado. Pero desde luego, nadie podrá dudar de la justicia de esta acción de resarcimiento; más aún, la hipótesis más frecuente del *damnum iniuria datum* es quizá la del daño producido por el manejo imprudente de la cosa propia.

Pero, como los escritores a que aludimos, al no ver claro el problema, no se expresan con precisión, cabe pensar si con aquella regla se trata quizás de justificar una responsabilidad por culpa *prescindiendo de la lesión del derecho,* esto es, concediendo la indemnización por la lesión negligente o imprudente de un *simple interés* ajeno. Mas si quisiera significar tal cosa, semejante teoría nos llevaría mucho más lejos que la de los actos de emulación (ya que esta se reduce al dolo) y subvertiría los principios fundamentales del derecho subjetivo y de la defensa jurídica, del daño y del resarcimiento.

En la doctrina francesa e italiana el pensamiento de Ihering ha ejercido una enorme influencia[15]. Con todo, los fatigosos esfuerzos de los secuaces más recientes de esta teoría para darle una base de mayor solidez son síntoma de que hay en ella un no sé qué de ilógico e injustificado, por muy atractiva que resulte en el

[15] Para mí es esta la razón del resarcimiento en las relaciones entre las entidades públicas (Estado, Municipios, etc.) y los ciudadanos, por ejemplo, en caso de alteración del plano de las calles o las vías de comunicación. Y este es el criterio que proporciona la solución para esa fatigosa controversia, que por tanto, no debe ser mezclada con la cuestión de las relaciones de vecindad entre dos vecinos cuyas esferas de intereses son netamente distintas.

aspecto práctico. En substancia estas miras lleva una dirección bastante difundida, que se inspira en un concepto moderno que tiene grandes simpatías y que actualmente va penetrando en las más diversas esferas del derecho privado y del derecho público: *la responsabilidad objetiva por el ejercicio de la propia actividad útil.* Todo el que obtiene utilidades de una industria, de una empresa o de una gestión debe estar obligado a soportar los riesgos inherentes e inevitables, o sea los daños que se produzcan aun sin culpa suya, como consecuencia fatal de la actividad. Es pues casi una inversión del conocido aforismo romano: *commoda eum sequi debent, quem sequuntur incommoda,* es decir, que el principio moderno sería: *incommoda eum sequi debent, quem sequuntur commoda.*

Aplicando este concepto al ejercicio de la propiedad y combinándolo con la teoría de Ihering, los autores modernos se mueven en el siguiente orden de ideas: «el que emprendiendo un ejercicio normal de su derecho de propiedad obtiene utilidades de ese ejercicio, debe ser responsable de los daños que con él se causan al vecino».

Esta teoría enunciada tan crudamente tiene un doble vicio.

Ante todo, ni el Derecho romano ni el derecho moderno sancionan la responsabilidad objetiva como principio general; sus aplicaciones constituyen siempre un *ius singuiare.* Nuestro derecho, en vez de ampliarlas las ha restringido, unas veces eliminándolas de modo indirecto, por ejemplo, la responsabilidad de los patronos por los actos de sus trabajadores esclavos; otras, reduciéndolas a la idea de culpa, ya mediante la introducción de presunciones diversas (artículos 1.153-1.154) (artículos 1.903, 1.905, Código civil español) ya mediante verdaderas alteraciones (art. 1.155, [art. 1.907, Código civil español], que da fuerza legal, pero deformándola, a una de las aplicaciones de la *cantio damni infecti*). Se trata pues, de un principio de *iure condendo,* no de *iure conditio;* no podremos, por tanto, admitirlo en nuestros razonamientos; más aún, tenemos que andar precavidos para evitar que se insinúe solapadamente en ellos, pues que hemos de atenernos al terreno del derecho positivo.

En segundo lugar ese concepto es extraño a las relaciones de vecindad. Lo que nosotros buscamos es un límite general al ejercicio del derecho propio, no un criterio para ampliar la responsabilidad, y esto es lo que sería la obligación de resarcir los daños causados en ejercicio del propio derecho más allá de los términos de la culpa.

Pero es que esta doctrina presenta vicios lógicos hasta en el campo que le es peculiar, el del daño. Es ilógico arrojar por la borda la culpa, cuando el derecho positivo la exige; ilógico tomar en consideración las ventajas, los *commoda* que se obtienen con el ejercicio, cuando no hay ley positiva que establezca correlación alguna entre la responsabilidad por las violaciones jurídicas y los lucros de las operaciones de que aquellas derivan; ilógico, finalmente, hablar de responsabilidad sin culpa cuando después se insiste con las mayores precauciones en lo inevitable del daño. La ley *Aquilia* exige la culpa, no el dolo, es decir, la mera previsibilidad del daño, no la previsión efectiva ni la conciencia del daño futuro, propiamente; para ella basta con que haya una culpa *levissima.* Si los riesgos están ligados fatal e inevitablemente a una determinada empresa o una determinada operación, ¿qué grado de previsibilidad más seguro, ni qué responsabilidad más justa cabe imaginar en las relaciones con los propietarios de fundos vecinos?

Pero todas las tentativas hechas modernamente para justificar la teoría del uso normal, ninguna más equívoca que la que adopta la fórmula de *la obligación de vecindad*; en cuya virtud el propietario no debe causar perjuicio al vecino, pero inversamente el vecino debe tolerar «las molestias que no excedan de una cierta medida». O bien semejante obligación de vecindad no es más que un término que compendia las obligaciones entre vecinos sancionadas expresamente por la ley, las llamadas servidumbres legales establecidas *positivamente*, en cuyo caso de nada nos sirve; o bien quiere indicar las relaciones y tolerancias entre vecinos que la sociedad reconoce y que los vecinos correctos respetan y hasta exageran conforme a las leyes de la cortesía, y entonces se juega con el significado ambiguo de la palabra obligación que del mismo modo que la palabra latina *obligatio* (la lectura de las obras de Séneca, las más preñadas de *obligationes* de toda la antigüedad lo demuestra sobradamente) tiene un doble valor moral y jurídico.

También se recurre con bastante frecuencia a otro criterio para dirimir los conflictos entre los intereses contrapuestos de vecinos, el criterio de que hay que dar preferencia al *estado posesorio*, a *la anterioridad de ejercicio*. Es este un concepto bastante peligroso, porque acaba sacrificando a favor del vecino el disfrute futuro de mi cosa y sancionando una especie de prescripción de las molestias. El pensamiento podría parecer elegante desde el punto de vista lógico, mas en verdad, significa transportar un argumento a un campo que no es el suyo. Efectivamente, el criterio en cuestión sirve para resolver el conflicto entre varios derechos sobre *un mismo objeto*, mas no es utilizable para la determinación de los confines entre dos esferas distintas de derechos.

Dada tanta disparidad entre las razones aparentes de la lógica jurídica y las de la vida (disparidad que parece traducirse en el viejo conflicto entre la doctrina y la práctica) no puede sorprendernos que en la doctrina misma se haya llegado a pensar que la cuestión de las relaciones de vecindad es una cuestión de hecho, que ha de resolverse diversamente en cada caso concreto y que debe encomendarse al prudente arbitrio del Juez, al *officium iudicis*.

Muy difundido en la doctrina francesa y favorecido por las corrientes de la interpretación libre, este pensamiento ha penetrado también en Italia, donde le han hecho una acogida favorable, eminentes juristas como, por ejemplo, Gabba y sobre todo Brugi que le ha dedicado amplio espacio en su *Tratado de la propiedad* (véase especialmente páginas 172 y sig.) y además varias notas de jurisprudencia en la *Rivista di diritto commerciale*. Para Brugi el juez hace la ley del caso concreto, y pueden adoptarse todos los criterios, según las circunstancias del caso, que es el juez el que ha de apreciar.

Me parece que esta concepción nace de una visión tan clara de las dificultades del tema, como desesperada de la posibilidad de resolverlas. Examinemos su valor. Dos cosas puede expresar. Puede significar que reconociendo que la ley es imperfecta se da al juez la facultad de introducir limitaciones *extra legem*, que se le hace legislador (parece que es esto lo que Brugi dice propiamente). Si significa eso, la discusión queda desplazada a un terreno distinto y a una esfera de concepciones elevadas, aunque quizá demasiado audaces. Diré sencillamente que no me parece posible atribuir a nuestro juez un poder legislativo. Tampoco lo tenía el juez romano, y el *officium iudicis*, en mi opinión, no era más amplio que el arbitrio de que dispone el juez moderno para enjuiciar de las circunstancias de hecho. Los textos dicen expresamente que el primer deber del juez es respetar las leyes: *in primis illud observare debet iudex, ne aliter iudicet quam legibus aut constitutionibus aut moribus proditum est* (pr. I, 4, 17). El Pretor romano tenía en cambio aquel poder, pero el Pretor no era un juez, sino un órgano del poder administrativo (un magistrado en sentido romano), el supremo administrador de justicia. No poseemos nosotros un órgano de esa naturaleza, pero desde luego, sus facultades se asemejan mucho a las de las autoridades administrativas supremas que emiten reglamentos, de los que nadie duda que se equiparen a las leyes y que deban ser aplicados por la autoridad judicial.

Aquellas manifestaciones pueden significar en cambio, que en el espíritu del derecho positivo, en la *ratio* última de la ley existe un límite y un criterio, pero que se renuncia a determinarlo. La ciencia se remite a la intuición del juez, renunciando a cumplir su función. Las más de las veces el sentido práctico dictará al juez la solución justa, pero cuando la ciencia no presta su ayuda, los considerandos suelen ser poco felices y a menudo sencillamente lamentables. Abandonada a sus propias fuerzas la práctica judicial, no sería extraño que el sentido práctico, con una fraseología indigesta y nebulosa a mano, en vez de guiarse por conceptos jurídicos se dejase llevar a la deriva por simpatías éticas, se dejase sorprender por el aspecto sentimental de una cuestión, o sorprender también por una visión unilateral del caso a resolver.

9. Hemos llegado a un punto en que podemos ya desarrollar nuestro pensamiento. Creemos en la posibilidad de llegar a una solución lógica y equitativa que, sin sacrificar la propiedad y la libertad, preste la suficiente atención a las exigencias de la vida social. En esta materia, en que por buscar fórmulas benignas se ha hecho tanto destrozo en los conceptos jurídicos fundamentales, es necesario más que en ninguna, sentar el principio del imperio de la lógica y del derecho.

En nuestra opinión, la ausencia de una idea clara sobre los límites del derecho propio, sobre la demarcación entre lesión de un derecho y lesión de un interés, y entre daño jurídico y daño solamente económico son las causas que más perjuicio han causado a las investigaciones hechas sobre las relaciones de vecindad. Las distinciones que acabamos de nombrar constituyen un punto de partida esencial, y sin embargo nadie las ha hecho objeto de una indagación preliminar; y cuán necesaria era esta investigación previa lo prueban las ofuscaciones en que con tanta frecuencia se incurre en este respecto y la aplicación que se hace indistintamente a una u otra especie de lesiones del criterio del uso normal.

En el campo de la propiedad inmueble los límites del derecho propio están marcados por los confines de propio fundo. Estos confines están claramente determinados en cuanto a la superficie; en este respecto no han de preocuparnos las controversias acerca de su extensión en sentido vertical sobre y bajo el suelo, ya que hay la suficiente unanimidad en que el derecho llega hasta una cierta profundidad y hasta una cierta altura y las relaciones de vecindad se presentan precisamente en los límites de esa profundidad y de esa altura. Por tanto la esfera de mi derecho es por decirlo así esa *esfera interna* determinada por los confines de mi fundo; más allá de ella empieza la *esfera externa* sobre la que no se extiende mi derecho de propiedad.

En base a estos conceptos elementales se puede establecer, parece, el siguiente principio: la lesión de mi esfera interna es lesión de mi derecho, la lesión de mi esfera externa es lesión de un mero interés, es daño no jurídico. Si un principio tan simple como este está muy lejos de ser claramente reconocido y coherentemente aplicado en la teoría y en la práctica, es más, si estas lo han rechazado tácitamente en su busca tras una solución del problema de las relaciones de vecindad, ello se debe a una peculiaridad singularísima y a veces dolorosa de la propiedad inmueble, efecto, precisamente, de su inmovilidad. Las *condiciones externas* de un fundo influyen, no ya tanto como las condiciones internas, sino mucho más que estas, en el valor económico del fundo mismo. Ciertamente, la fertilidad de un terreno o la solidez y belleza de un edificio son cualidades de gran importancia y valor. Pero son aún más importantes las condiciones externas, la situación, la proximidad a las carreteras y en general a las líneas de comunicación, a los ríos; la existencia de manantiales o de aguas cercanas que pueden afluir a mi fundo, la amenidad del paisaje circundante, el aire puro que viene de los bosques vecinos; las bellas vistas, si se trata de un edificio; o, por el mismo estilo, el estar el edificio en un gran centro urbano o en un pequeño centro, en un barrio señorial o en un suburbio mísero. Un mismo fundo con unas mismas cualidades intrínsecas podría constituir una verdadera riqueza o un gravamen tal que lo mejor fuera abandonarlo; todo dependería del lugar en que estuviera situado. Siendo esto así, la alteración o la pérdida de las condiciones externas favorables adquiere tal gravedad y a veces un carácter tan decisivo, que se comprende que, cuando la pérdida sea producida por un acto ajeno, se impresione nuestro sentimiento de la equidad y se conturbe nuestro sentido jurídico. En muchos casos el Estado mismo llega a compensar en cierta medida a los ciudadanos por la lesión de estas condiciones externas; y ciertamente tratándose de condiciones externas establecidas por el mismo Estado, representante y tutor de la colectividad, puede parecer merecedor de respeto el interés del ciudadano; como también justificada su pretensión, no de que se mantenga el estado de cosas, sino de ser indemnizado. Mas, si semejante pretensión se quisiera hacer valer en las relaciones entre personas no ligadas entre sí por aquel vínculo que liga al Estado con los ciudadanos, si la lesión la causan obras hechas por un particular y no por el Estado, y hechas en un fundo que es suyo y no de una colectividad de que formara parte el perjudicado mismo, la solución que atendiese aquella pretensión inspirándose en motivos de piedad y equidad sería totalmente antijurídica y no se podría encontrar en ella el *ubi consistam.*

Sentado ya que solo hay lesión de derecho cuando hay invasión en la esfera interna, si, sin apartarnos del camino recto, procedemos a examinar qué contiene y qué expresa este concepto de *lesión de las condiciones intrínsecas, de invasión de la esfera interna,* encontraremos que es lo suficientemente amplio y que llega hasta aquellos límites, hasta los cuales y no más allá de los cuales debe llegar el buen sentido.

Liberémonos de la obsesión de la *immissio*: no es cierto que solamente mediante una *immissio* pueda darse una invasión en mi esfera interna y no es exacto que los romanos no acepten más hipótesis que la de la *immissio.* Los romanos, y no solo los jurisconsultos sino los mismos Edictos del Pretor prevén, así en la violación de las relaciones privadas como en la de relaciones públicas, paralelas a ellas y protegidas mediante interdictos, tanto la inmisión de materias en el fundo ajeno como la realización de operaciones lesivas, aunque se hagan sin inmisión. Claro que el *facere in alieno* allí previsto es, en primer término, la acción ejercitada de modo inmediato sobre el fundo ajeno; del mismo modo que en materia de inmisión la hipótesis que se contempla en primer término es la de arrojar materias al fundo ajeno; pero así como puede haber inmisión sin echar o arrojar directamente materia al fundo ajeno, por la simple propagación al otro fundo de substancias arrojadas en el propio (y este es el verdadero caso de las relaciones de vecindad) así también, cabe un *facere in alieno* por la repercusión de operaciones que se ejecutan en terreno propio. No constituyen inmisión los temblores, las sacudidas, los derrumbamientos causados en el terreno vecino por efecto de las obras hechas en terreno propio y que debilitan los cimientos de aquel o deterioran en algún modo su solidez y habitabilidad, mas no por no constituir inmisión carecen de sanción. La tienen precisamente por constituir una propagación del *facere* al fundo ajeno. Con frecuencia se ha entendido mal o, más bien, se ha extendido demás el principio *qui iure suo utitur neminem laedit.* Así se explica y justifica la reacción moderna contra este principio y las invectivas contra la máxima romana, que tanto tiene de romana como de china, porque no es más que expresión de un principio lógico propio de todo ordenamiento jurídico. Realmente, quien con la propagación natural de las operaciones que realiza en su esfera desborda esta e invade la interna de otro *non utitur suo iure;* bien considerado, este caso es quizá aún más grave que el de la *immissio* Si no se comprende así se debe también a que tropezamos con una de aquellas situaciones peliagudas y confusas nacidas del peculiar carácter de la propiedad inmueble: dada la contigüidad de los fundos es muy fácil, es a menudo inevitable, que el *facere in suo* sea también, por propagación espontánea, un *facere in alieno;* pues bien, en la proporción en que es un *facere in alieno* deja de ser un *suo iure uti.*

Por tanto el famoso aforismo romano: *in suo hactenus facere licet quatenus nihil in alienum immittat* debe completarse, con ayuda de los mismos textos romanos, así: *et quatenus nihil in alieno facial.*

Insistamos aún: la lesión del derecho ajeno no se hace solo con el *immittere* sino también con el *facere.* Podemos pues establecer la regla: *toda invasión en la esfera interna ajena por elementos o por operaciones que hechas en terreno propio se propaguen al ajeno, puede dar motivo al ejercicio de la acción negatoria de la perturbación;* y, agreguemos, al ejercicio de la acción de resarcimiento por el daño producido, salvo la necesidad de probar la existencia de culpa en la acción de resarcimiento.

Nuestro punto de partida, según se ve, viene a ser, prácticamente, intermedio entre el concepto de la inmisión y el del influjo. Él nos ha de permitir ahora analizar críticamente los otros dos. El concepto de inmisión era evidentemente estrecho y mezquino, pero en cambio el concepto de Ihering del influjo es tan amplio que llega a no significar nada; solo ha servido para enturbiar la cuestión, lanzando un lema que no sirve de guía sino que desorienta; por él ha sido posible que se estimen como violaciones jurídicas y como daños causados, una serie de alteraciones sobrevenidas en las condiciones externas. Cuando se empieza a hablar de influjos nocivos y molestos no se sabe dónde hay que detenerse; la fantasía se desboca sin freno fuera de los dominios del derecho. Por fuerza jurisprudencia y doctrina se han visto llevados, sin darse cuenta, a buscar criterios para restringir este concepto ilimitado. Y así se habla, unas veces de influjo que produzca una alteración en la *substancia* de una cosa, otras de una disminución del valor económico, por ejemplo, de una depreciación del inmueble. Pero la disminución del valor económico es el más erróneo de todos los criterios a que se pueda recurrir, porque las más de las veces depende, como hemos visto, de una modificación de las condiciones externas sobre las cuales no tengo derecho ninguno. En cuanto a la alteración de la *substancia* de la cosa es un criterio que en apariencia podría creerse que coincidía con el nuestro.

Y sin embargo no coincide realmente. También esta alteración en la substancia puede sobrevenir como efecto de un cambio de las condiciones externas. El vecino puede quitarme las luces y todas las vistas, o quitarme el sol en una gran parte de mi fundo y, como consecuencia de ello, mi casa puede tomar humedad y mi terreno quedar inútil para los cultivos a que hasta ahora lo dedicaba (todos sabemos la importancia que tiene para determinados cultivos una orientación y exposición favorable de las tierras, sobre todo en latitudes que por sí no son aptas para los cultivos en cuestión). Igualmente, la desviación de aguas hecha por el vecino puede dejar estéril mi tierra. Y con todo, en ninguno de estos casos tengo acción contra él, porque no ha hecho más que modificar condiciones que respecto de mí eran externas; solo ha impedido la afluencia de elementos que me llegaban *de fuera.*

Resolver en sentido contrario, concediendo en los casos antedichos la acción negatoria y la acción de resarcimiento equivaldría a borrar del derecho aquellas servidumbres por cuyo medio se adquieren jurídicamente estas ventajas, y convertir esas servidumbres: la *servitus luminis,* la *servitus ne prospectui officiatur,* etc., en limitaciones legales[16].

---

[16] La falta de una visión justa de los conceptos ha llevado a cometer curiosos yerros en la exégesis que hace de los textos romanos a un jurista como Pernice, agudo y veraz, pero excesivamente sutil y poco afortunado en la apreciación de los fenómenos de desenvolvimiento histórico. Y así, asegura que, según las fuentes romanas, los jurisconsultos más antiguos se inclinaban a considerar como *damnum* la sustracción de luces y, en cambio, a no considerar como tal el cortar los veneros de agua que alimentan el fundo del vecino (*Labeo,* II, 2.ª edic., págs. 49-50, nota 2). En realidad no hay nada que justifique una diferencia tan ilógica; en uno y otro caso nada hay que sea objeto de inmisión, ni hay tampoco actividad ninguna que se propague a la esfera interna del vecino; se trata en ambos de substancias y elementos que al vecino le llegan de fuera y cuyo acceso al fundo vecino es impedido con obras realizadas en el fundo propio. Los textos que Pernice aduce no son demostrativos para su tesis. Si el viejo Labeón (L. 1, § 14, D., 43, 8) considera como *damnum* la privación de luces, ello es porque la privación resulta de construcciones que el vecino ha levantado, no *in suo,* sino *in publico* (cfr., la L. 2, § 11, 12 *eod.,* sobre lesiones análogas a las de vistas y de acceso, por obras hechas igualmente *in publico,* así como sobre la definición general del *damnum in publico.* También la L. 25, D., 39, 2, en que Paulo cita al viejo Trebacio, debía de referirse en su contexto originario al *facere in publico* (la cosa varía con Justiniano que ha establecido *limitaciones especiales* relativas a las luces). Por el contrario, si esta solución no se aplica al caso del agua, como parece decir el mismo Labeón (aunque siempre con la adhesión de un maestro tardío como Ulpiano), es por una razón muy sencilla indicada por el mismo jurisconsulto antiguo y que Pernice no advierte. Las aguas no hacían más que atravesar el lugar público, pero no manaban *ex publico,* sino que provenían del fundo vecino: *ex meo* (no *ex publico) ad te nullo iure defluebant.* Implica un verdadero trastorno de ideas el pensar en la *forma coloniae* y en las leyes de fundación de la misma.

También son erróneas las conclusiones que Pernice deduce de la L. 24 5 12, D. *damni in.,* 39, 2. Es un texto en que Ulpiano comienza precisamente reproduciendo la opinión de Trebacio para confirmar que no existe daño en el caso en que se haya secado tu pozo por las obras hechas en terreno mío. Y es Ulpiano, no Trebacio, quien agrega que si yo hago excavaciones tan profundas que tu muro se resienta, el vecino podrá accionar en base a la *stipulatio damni infecti;* lo que quiere decir que hay *damnum.* Pernice observa: «me parece imposible encontrar una explicación jurídica aceptable para el inciso final con que se cierra la discusión. La solución es perfectamente razonable; se puede estar sin pozo, mas el muro habrá que reconstruirlo. Pero no puede decirse que consideraciones jurídicas como

10. Antes de proceder a fijar el criterio que, en nuestra opinión, es el verdadero criterio jurídico regulador de las relaciones de vecindad, conviene investigar detenidamente la esencia de estos dos modos de intromisión en la esfera del derecho ajeno; el *immittere in alienum* y el *facere in alieno.* Esta investigación eliminará en parte muchas cuestiones ociosas y preparará en parte los elementos de la investigación fundamental.

El concepto de la *immissio,* o sea, de la propagación a la cosa ajena de substancias o elementos materiales y el concepto del *facere in alieno,* o sea, de la propagación de movimientos, no tienen más que la apariencia de categorías físico-naturales; la misma mera apariencia que tiene el concepto de *res;* en realidad el derecho prescinde siempre de la esencia física y de los conocimientos científicos. Para él solo hay, y así también en el caso de estos conceptos, *categorías sociales.*

Comprenderlo así permite, ante todo, eliminar las dudas sobre los elementos constitutivos de la inmisión, que siempre es la que viola de forma más aparatosa los confines del fundo vecino. Habrá inmisión en todos los casos en que socialmente se entienda que una alteración dañosa o molesta en la substancia de la cosa es producida por elementos que penetran en el interior por obra y voluntad del vecino. Es indiferente para el concepto de la *immissio,* como lo sería para el concepto de *res,* que los elementos que penetran y actúan sobre mi cosa sean o no visibles y tangibles; cuando la opinión común vea en ello una inmisión, lo mismo puede estar constituida por elementos visibles y palpables que, simplemente, por fuerzas activas.

Me parece evidente en base a la L. 2, § 29, D., 43, 8, que los romanos admitían ya la inmisión de exhalaciones pestilentes. Se objeta que en esa ley se habla de acciones populares y de vías públicas y que en tal materia no es admisible la analogía[17]. La objeción es bastante sorprendente, no solo porque precisamente se trata de situaciones análogas, que a veces son tratadas paralelamente (cfr. L. 17, § 2, D., 8, 5), sino también porque el interdicto *ne quid in loco publico* etc., se funda directamente sobre la *immissio* (L. 2, § 21, D., 43, 8) y el punto que se discute entre los jurisconsultos para llegar a admitir o rechazar la concesión del interdicto es, precisamente, que exista o no exista *immissio* (L. 2, § 28, eod.). Yo me inclino a pensar que admitían también la inmisión de frío o de calor. Los textos que han llegado hasta

---

estas sean admisibles *de lege lata».* Creemos que los principio que hemos desarrollado permitirán explicar jurídicamente la solución distinta. Al cortar el agua no haya propagación de substancias, ni de operaciones al fundo vecino; solo se impide la afluencia de substancias que vienen de fuera, Al excavar en el terreno propio de manera tal que se lleguen a conmover loe cimientos del fundo vecino, se penetra, en cierto modo, con semejantes operaciones en él: es un *facera in suo* que se traduce parcialmente en un *facere in alieno.* Sin duda no podré entablar la acción negatoria más que cuando se trate de repercusiones habituales, de efectos visibles, como en los casos de trepidaciones, sacudidas, desmoronamientos; casos que los romanos no tienen en cuenta porque puede decirse que pertenecen exclusivamente al período de los descubrimientos físicos, de las máquinas y del tipo moderno de la gran industria. Pero siempre podré ejercer la acción de daños por el deterioro causado a mi cosa. Este caso sí era posible para los romanos pues para él no es preciso que las operaciones realizadas en el fundo propio produzcan una molestia sensible antes del hundimiento o del desmoronamiento. La *cautio damni infecti* tenía además la ventaja de eximir de la prueba de la culpa.

17 Cfr. por ejemplo Werenberg, op. cit., pág. 53.

nosotros (*Coll.* III, 7, 8; cfr. L. 27, § 10, D., g, 2) solo contemplan el caso del daño causado en la pared y del temor de daño; discuten, pues, sobre la aplicabilidad de la *actio legis Aquiliae,* de la *actio in factum,* de la *cautio damni infecti.* Pero se trata de hornos colocados a lo largo de una pared *común,* por tanto, como las dos partes tienen igual derecho sobre la cosa, no habría modo de demandar por *immissio,* solo cabría acción de indemnización si la pared, por el calor del horno, acababa por requemarse: *si paries exustus sit.* El caso es análogo en todo al de la L. 19, D., 8, 2, relativa a la inmisión de humedad. En nuestros días estimo que habrá que conceptuar como inmisiones, no solo las de calor, sino también las de sonidos, rumores, estrépitos (prescindiendo de su naturaleza física, para la conciencia común son, todos estos, casos de elementos o fuerzas que actúan por propagación y penetración). Y en el porvenir, con el perfeccionamiento de los sistemas modernos de *rédame* habrá que admitir las inmisiones de luces deslumbradoras que lleguen a causar un efecto sensible y quizá también la inmisión de electricidad, de fuerzas magnéticas y de fuerzas radioactivas.

Admito, pues, y en amplia medida, las llamadas inmisiones incorporales. Mas quizá el término *incorporal* es equívoco y falaz; equívoco, porque puede contener lo que no es inmisión, por no penetrar en la esfera interna; falaz, porque, si se designan con él todas las inmisiones sensibles, aunque no sean visibles ni tangibles, el concepto «inmisión *incorporal*» implicaría una verdadera *contradictio in adiecto.* Toda inmisión percibida por los sentidos es *corporal* y *material,* del mismo modo que es siempre corporal y material la cosa objeto de los derechos reales; renunciar a la tangibilidad, a la visibilidad, no significa renuncia a la corporeidad. Hay cuerpos y hay cosas dondequiera que hay elementos sensibles que ejercen acción sobre nosotros y sobre los cuales podemos llegar en un determinado momento, merced al progreso de nuestros conocimientos científicos y de las invenciones técnicas, a adquirir y desplegar dominio. Y siempre que, por obra del vecino, elementos de esta naturaleza penetren en mi fundo, habrá inmisión.

Mas no hay inmisión cuando se substrae aire, luz o calor o cuando se desvía el manantial de agua de que se nutre mi fuente o mi cascada; en todos estos casos se trata de elementos externos cuyo acceso al fundo vecino se impide.

Lo mismo puede decirse por lo que respecta, no ya a la inmisión propiamente dicha, sino a la propagación a la cosa ajena de actividades y movimientos; serán el sentimiento y la opinión social, no los instrumentos de precisión científica, los que determinarán cuándo exista.

Mas, en cuanto se eleva el *criterio social* a árbitro de la existencia de la *immissio* y del *facere* en la esfera interna ajena, se establece ya implícitamente la medida del límite de tolerancia y se proscriben aplicaciones que eran más que absurdas, grotescas.

Comencemos por eliminar una serie de casos que nunca, por ningún concepto, debieron mezclarse con nuestro tema: las inmisiones y los movimientos propagados al fundo ajeno en que mi voluntad no tiene arte ni parte. La hoja que desde mi fundo cae al fundo vecino, la rama que sacudida por el viento se bambolea sobre él, no son inmisiones. La sacudida que un derrumbamiento en mi fundo comunica al fundo vecino no es una actividad mía que se propaga a una esfera ajena. Donde la Naturaleza actúa no hay inmisión. En el artículo 536 Código civil (art. 552, del Código civil español) tenemos una de las aplicaciones más amplias y evidentes de este pensamiento. Compendia ese artículo el concepto general de la *actio aquae pluviae arcendae* romana: cada cual debe tolerar el agua que discurre *naturalmente* desde el fundo del vecino, aunque con su masa o con su violencia le cause daño. No tiene tampoco acción contra el vecino: si la tuviese, si se le permitiese, por ejemplo, obligar al vecino a que hiciera obras para disminuir la violencia de la corriente, impondría al vecino una limitación en favor propio. Los artículos siguientes, 537, 538 y 539 constituyen precisamente limitaciones de la propiedad (Código civil español, art. 420 y art. 74, ley de Aguas, 13 de junio de 1879). En cambio, lo que no se está obligado a tolerar es que el vecino procure o agrave este decurso de las aguas, mediante obras hechas en su terreno, porque entonces sí habría verdadera inmisión[18]. Cuando hay que soportar un fenómeno o manifestación de la Naturaleza, los romanos hablan de una *servitus naturalis*, expresión que los viejos autores no supieron entender y que confundieron y mezclaron con las limitaciones o servidumbres legales. En realidad, cuando las cosas están dispuestas por la Naturaleza de un cierto modo, no hay, en ningún caso, limitación. La razón es palmaria. La Naturaleza está en constante movimiento; cada cual posee sus cosas tal como la Naturaleza las va componiendo y formando en cada momento; fácilmente se percibe esta verdad en los dos elementos más movibles, el aire y el agua; pero el fenómeno ciertamente no se reduce a ellos dos: es universal. En esta su universalidad fue comprendido por el gran pensador de la antigüedad; las palabras de Heráclito, *in ídem flumentbis non descendes*, no se refieren tan solo al río y al agua.

Lo que se puede discutir en tales casos no es el *immittere*, sino como dicen los romanos el *immissum habere*. Los romanos han profundizado agudamente en los distintos casos: si no se trata de *res communes* ni *nullius* sino de cosas mías, que por un evento natural penetran en el fundo ajeno, no hay acción contra mí, a no ser que yo las mantenga en el fundo ajeno sin renunciar a su propiedad.

Pero tampoco hay necesariamente inmisión en todos los casos en que los efectos pasan del fundo vecino al mío por obra del vecino mismo; si el *immittere in alienum* y el *facere in alieno* son *categorías sociales*, no físicas, no habrá *immittere* ni *facere* cuando no se alcance, por así decirlo, el grado psicológico de la sensibilidad de un ambiente social determinado.

No constituye *immittere* ni *facere* nada de aquello que, sin causarme la menor molestia, penetra en mi fundo o pasa fugazmente a través de él —la paloma que vuela, el aeróstato o el aeroplano que cruza el aire dentro del espacio a que mi dominio se extiende, la pelota que cae en mi fundo, la sacudida que repercute en el follaje de mis árboles cuando el vecino sacude uno de los suyos—; nadie se fija en semejantes intromisiones, como no sea acaso para encontrar placer en ellas. En alguno de estos casos de inmisión insignificante puede entrar en juego otro concepto jurídico, el de la *injuria*, cuando la inmisión se haga con fines vejatorios; solo desde este punto de vista de la *injuria* discuten la cuestión los romanos[19].

11. Hemos dado respuesta a una parte del problema de las relaciones de vecindad, la parte que afecta a los confines del derecho de cada propietario. Hemos fijado esos confines: están determinados, hemos dicho, por las condiciones internas del fundo.

---

[18] Art. 536, ap. 2 (art. 552, Código civil español *in fine*). Qué concepción representa el ap. 1.° (ap. 1.° pr. del 552) esto es, si hay en el una limitación o una emanación del dominio, es cosa discutible y discutida, tanto en Derecho romano como en Derecho civil.

[19] Cfr. L. 44, D., *de iniur.*, 47, 10.

Hemos puesto también en claro que la prohibición de traspasar los confines afecta, no solo a la *immissio,* sino también al *facere* sin *immissio.* Hemos establecido, igualmente, el sentido que hay que dar al *facere* y al *immittere.*

Llegados aquí, sobreviene el aspecto fundamental del problema. ¿Es realmente posible encerrar la actividad del propietario dentro de la esfera de su fundo, de tal suerte que no deba penetrar en medida apreciable en los fundos contiguos, ni con inmisiones, ni con la propagación de sus operaciones o de sus movimientos? ¿No quedará imposibilitado el propietario para las operaciones más esenciales de la vida cotidiana y de la economía rural? ¿No será esto ponerle en el dilema de o violar el derecho del vecino o renunciar a valerse del propio? ¿Debe prohibirse toda operación que repercuta sobre la cosa ajena, aunque sea con una inmisión mínima, con una propagación de movimiento suave y moribunda? ¿Tendremos que recurrir a los instrumentos científicos modernos para registrar estos géneros de violaciones? Situación de cosas que parece empeorarlas, al menos en relación con la vieja doctrina de la *immissio,* y que desde luego resultaría intolerable. Quizá porque se pensó que de otro modo se llegaría a una situación intolerable es por lo que la ciencia jurídica se mantuvo tanto tiempo en el terreno de la *immissio* pura y simple. Ya que no otra cosa, el principio *quatenus nihil in alienum inmittat* permitía al propietario una cierta soltura de movimientos, no le ahogaba dentro de su fundo. Efectivamente como la mayor parte de las operaciones esenciales que ejecuto sobre mi fundo se propagan generalmente al fundo vecino, el propietario se encuentra en la disyuntiva de no ejercitar su derecho o de violar el del vecino. Se encuentra como frente al irónico dilema en que puso a Shylock la sagaz abogada: tu derecho te permite cortar hasta una libra de carne del cuerpo de Antonio; pero no podrás derramar ni una sola gota de su sangre, pues sería delito.

Parece pues, que en esta parte, que refleja el otro aspecto del problema, tendrá que resurgir necesariamente el criterio del uso normal y de la tolerancia normal. Seguimos creyendo que aquel criterio ni es feliz, ni es lógico. Aparte de su carácter arbitrario, no sabemos siquiera cómo haya de fijarse esa medida normal de actividad y de influjo: si ha de hacerse en base a las formas más frecuentes de la actividad de los hombres en una sociedad determinada o en base a las exigencias normales de una determinada actividad o de una determinada industria. En realidad, esta fórmula, cómoda y elástica hasta el exceso, se presta a todos los equívocos.

En verdad el ponerse a buscar fórmulas significa un esfuerzo laborioso y estéril nacido del olvido de los datos con que el derecho razona y debe razonar; de los datos con que razonaban en esta materia los jurisconsultos romanos.

Tornemos al dogma formulado al comienzo. La necesidad –la verdadera necesidad– es el límite de todo derecho positivo. La ley positiva puede regular mal la coexistencia social, mas no puede romperla. Cuando entramos en la esfera de las *necesidades sociales generales y absolutas* no cabe hablar de un *immittere* o un *facere* ilícitos: tal es nuestro pensamiento.

Nada de lo que es fenómeno necesario e ineluctable de la vida social puede ser prohibido por respeto al derecho ajeno. En un país en que la estación invernal sea dura, no constituirán inmisión el *fumus non gravis* del propio hogar, ni el calor de las estufas o de los caloríferos. Por otra parte lo que es producto necesario e inevitable de la convivencia social es *natural* en cierto sentido; no puede decirse que sea voluntario lo que es ineludible. Volvemos en cierto modo a lo que dijimos antes sobre la apreciación de las maneras de invadir la esfera del derecho ajeno. Cuando las necesidades absolutas y generales de la coexistencia entran en juego, la misma actividad humana se convierte en un factor natural irresponsable.

Las más de las veces coinciden prácticamente el criterio de la licitud de la inmisión dentro de los límites del uso normal y el pensamiento de que es lícita la inmisión en aquellos límites en que la coexistencia social la impone de modo necesario; pero el segundo de estos conceptos es más lógico, más justificado y más preciso. La L. 8, § 5, D., 8, 5, dice sencillamente eso: elimina como absurdo el que se pueda hablar de inmisión cuando se trata de los usos necesarios de la vida social.

Ihering mismo[20] ha visto perfectamente que muy bien puede ser ese el pensamiento que guía al jurisconsulto en la solución a los dos casos de los § § 5 y 6. Es «inmisión la producción exagerada de humo, no lo es una producción moderada» (mejor hubiera dicho, repitiendo las palabras del jurisconsulto «la inmisión moderada *producida por el humo del propio hogar*, lo que nos lleva a una de las necesidades sociales de carácter más general); pero agrega a continuación «debemos rechazar este pensamiento», y afirma que en él se «encierra un error»[21].

El viejo Alfeno, es decir, en realidad el gran jurista Servio Sulpicio Rufo, nos da otro *responsum* igualmente feliz. A consecuencia de las labores de arado, y de

---

20 Loc. cit., pág. 122.

21 Pernice (*Labeo*, edición 2. ª, pág. 36, nota 5) estima que la acción negatoria por inmisión de humo hubo de ser admitida por vez primera por Aristón, ya que fue el primero en reconocer la *servitus fumi immittendi*. Es cosa característica del pensamiento de Pernice cómo embrolla los textos y cómo desconoce las evoluciones históricas lógicas para crear en su lugar otras ilógicas. Ante todo, no puede decirse que Aristón haya sido el primero que reconoció la *servitus fumi immittendi*. El texto solo dice que él la admitía (el texto además está estropeado gramaticalmente y la original servidumbre ha sido inventada probablemente por Justiniano). Resulta, luego, casi ingenuo decir que fue el primero que admitió (*zugelassen*) la acción negatoria por inmisión de humo.
Lógicamente la acción negatoria se aplica a esta perturbación como a cualquier otra, y es poco probable que el primer caso que se diera en el mundo romano tuviese lugar en el municipio de Minturne, aunque se tratase de fumigación de quesos (operación que aún hoy sigue siendo molesta porque no permite el uso de chimeneas). No podemos pretender que los textos del Digesto nos describan realmente todas las prácticas de la vida del mundo antiguo en su desenvolvimiento histórico.
También me parece equívoca la observación de Pernice (loc. cit., página 51, nota 5) a la teoría de Ihering: «este principio (el uso normal del fundo propio) puede resultar oportuno para la regulación de las relaciones de vecindad; pero las fuentes romanas toman como punto de partida el principio opuesto, y para ellas es de esencia de la propiedad el disfrute ilimitado de la cosa». Yo precisamente, no puedo dudar de que haya sido ese el punto de partida de las fuentes romanas y, en última instancia, el de todo régimen de propiedad individual. Los términos imprecisos «influencia nociva, uso normal» crean límites arbitrarios a la propiedad. Pero aun admitido esto, es lo cierto que, como se ha visto, no se trata propiamente de poner límites a la acción del propietario en atención a su cosa, sino de permitir que el propietario trascienda con sus actos, en cierta medida, más allá de los confines de su cosa. Y entonces, con todo rigor, el mismo respeto al derecho de propiedad (también el vecino es propietario) impone lógicamente, y aunque los romanos no lo hubieran dicho, que no se deba *immittere in alienum ni facere in alieno*. Ahora bien, nuestro «uso necesario» no significa un límite a la acción del propietario sobre su cosa, sino, antes bien, la concesión de irradiar en caso de necesidad fuera de ella y, recíprocamente, la obligación de soportar, por así decirlo, una irradiación recíproca.

una manera especial de arar, el agua de lluvia discurre de mi fundo al vecino. Se pregunta si el vecino puede entablar en contra mía la *actio aquae pluviae arcendae* para obligarme a arar por otro sistema. Alieno, mejor dicho, Servio, responde: *non posse eum facere quominus agrum vicinus quemadmodum vellet araret.*

Pero, lo repetimos, las necesidades sociales en cuestión han de ser absolutas y generales para el ambiente y las condiciones sociales dadas. El calor de las estufas y de los radiadores debe ser tolerado en invierno hasta por los vecinos a que por acaso desagradase; no tiene por qué ser tolerado en verano, aunque tuviese el carácter de cura necesaria para ciertas enfermedades. En general las exigencias de una industria determinada tampoco pueden ser tomadas en consideración. Hay desde luego una corriente doctrinal y jurisprudencial, favorecida por la fórmula de Ihering, que no solo quiere aplicar al ejercicio de las industrias el criterio de la tolerancia normal, sino que invoca las necesidades de la industria moderna y proclama el respeto al ejercicio normal de toda empresa industrial.

Creemos que hay que reaccionar contra estas aberraciones. Ante todo, no puede hablarse genéricamente de una tolerancia normal y aplicar luego esa medida normal a todos los usos; es la necesidad del uso la que impone la tolerancia y no cabe exigir esta donde la necesidad no existe. Además, y ello es más importante, la necesidad debe ser *cotidiana y civil,* no *industrial.* Guardémonos muy mucho de renovar en formas encubiertas uno de los aspectos más vitandos de la extinguida sociedad feudal. Análogamente a los privilegios y a las ventajas perniciosas para la economía social con que oprimía el régimen antiguo a la propiedad rural y a la clase de los campesinos, querrían hoy hacerse pesar sobre la propiedad urbana y sobre los ciudadanos libres las molestias antisociales del nuevo feudalismo de los señores de las fábricas y de los automóviles, de los soberanos de la gran industria moderna.

Mas no por esto hemos de llegar a extremos absurdos; nos lo impediría el criterio mismo que hemos establecido. Excepcionalmente, es muy posible que en determinadas condiciones y en determinado lugar el ejercicio de la industria responda a los intereses vitales de un centro industrial por excelencia. En tal caso nada impide que la sujeción a ciertas exigencias de la vecindad industrial pueda asumir carácter de necesidad.

La evolución de la agricultura romana y las decisiones paralelas de los juristas son un ejemplo magnífico de cómo, llegado un momento, la industria puede hacer valer sus exigencias porque estas se revisten del carácter de exigencias sociales de interés general. Como es sabido, la penetración de aguas en el fundo inferior no tenía que ser tolerada más que cuando ocurría por efecto de fenómenos naturales; si, por el contrario tenía lugar por obra del hombre, se daba contra él la *actio aquae pluviae arcendae* que concurría a este efecto, es decir, en favor del fundo inferior con la *actio negatoria.* Por otra parte, como acabamos de ver, las necesidades de la agricultura imponían un límite de tolerancia, que eliminaba la aplicación de esas dos acciones. A pesar de la difusión creciente de nuevos cultivos, en la época de los últimos jurisconsultos de la república esas necesidades seguían restringidas todavía a la labor de arado y al cultivo de cereales. Entre Quinto Mucio y Trebacio hubo ya divergencia de opiniones: el primero exceptuaba la labor de arado (*quod agri colendi causa aratro factum sit),* el segundo la labor de arado pero exclusivamente para el cultivo de cereales: *Trebatius autem, non quod agri, sed quod frumenti dumtaxat quaerendi causa aratro factum solum excepit* (L. I, § 3, D., 39, 3). En la época de Augusto la arboricultura en sus formas más variadas se había hecho general. Labeón exceptúa ya todas las operaciones de labor concernientes tanto al cultivo de cereales como a la arboricultura: *Labeo etiam scribit ea, quaecumque frugum fructumque recipiendorum causa fiunt, extra hanc esse causam, neque referre, quorum fructuum recipiendorum causa id opus fiat* (L. 1, § 7, D., 39, 3). Finalmente, en el período culminante de transformación agrícola que sucede a la era augustea, Sabino y Casio exceptúan en general toda otra hecha *agri colendi causa* (L. 1, § 8, D., 39, 3). Con todo, en los cultivos especiales, por ejemplo, en la plantación de un cañaveral que estanca las aguas con perjuicio del fundo vecino, se reserva a este íntegramente el derecho al ejercicio de la *actio aquae pluviae arcendae* (L. 1, § 6, D., 39, 3).

El principio social, límite del derecho, solo puede serlo la *necesidad general* del pueblo[22].

12. Quedaría incompleto el examen de las relaciones de vecindad si, además del punto de vista de la violación de los confines y de la acción negatoria, no estudiásemos el aspecto del daño y de la acción de resarcimiento, aspecto que los romanos separaban perfectamente y que la doctrina moderna ha confundido y entremezclado.

Los casos de daño y resarcimiento comprenden un campo más extenso que los casos de acción negatoria. Efectivamente, si la inmisión o la actividad son de naturaleza permanente tendremos acción negatoria y acción de daño; y como nuestro derecho no conoce una separación neta de las acciones, en un mismo juicio se podrá pedir en tal caso que cese la perturbación y que sean resarcidos los daños causados; cosa absolutamente inadmisible en Derecho romano para el que la acción negatoria no tendía al resarcimiento del *damnum praeteritum.* La fusión en el juicio, y consiguientemente en los fallos de la jurisprudencia de estos dos puntos de vista, ha contribuido no poco a confundir las relaciones y a obscurecer la discusión doctrinal en materia tan ardua.

Mas en los casos en que el *immittere* sea transitorio o en que el *facere* o se reduzca a un solo acto o solo se manifieste por el daño ya causado, no habrá cabida para la acción negatoria y sí, únicamente, para la acción de daños. Pues salvo en los casos en que la ley conceda remedios preventivos para el daño futuro (y en que el vecino ponga remedio a tiempo), no se podrá hacer que el vecino suspenda su actividad; solo se podrá reclamar el resarcimiento cuando el daño ya se haya verificado.

No obstante, la acción de daños tiene sus requisitos normales y fijos; y no es la menor de las faltas en que han incurrido las teorías un tanto fantásticas sobre las relaciones de vecindad, la de haber confundido los requisitos de la acción negatoria y los de la responsabilidad por los daños.

La responsabilidad por daños exige ante todo una condición objetiva: *el daño.* También el daño implica lesión de un derecho y no de un mero interés. En materia

---

[22] (Se inclina ahora hacia las necesidades de la coexistencia Abelier, *Del danno cagionato dalla folla richiamata da un pubblico spettacolo* (*La Legge*, LII, 1912). Pero yerra al querer combinar este concepto con la *guaestio facti* de Brugi (véase supra). Las controversias sobre las relaciones de vecindad no tienen de *quaestiones facti* más de lo que pueda tener toda controversia jurídica; el hecho ha de ser conocido para ver si se le puede aplicar el criterio, constante y seguro, de la *necesidad*).

de vecindad inmobiliaria será, pues, común al daño y a la acción negatoria el criterio por el que se determine cuándo hay lesión de un derecho y no de un simple interés. Hay daño jurídico cuando hay lesión substancial, disminución de elementos que están ya *dentro de los confines de mi fundo,* o sea, cuando la acción nociva afecta a aquella *esfera interna* que es la verdadera esfera de mi dominio. Hay daño puramente económico cuando la acción del vecino me quita o me disminuye ventajas que me vienen *del exterior,* que están fuera de mi esfera jurídica.

Hemos demostrado ya que la objeción sacada del principio *qui suo iure utitur neminem laedit* y el embarazo en que pone este principio radican en el equívoco engendrado por la situación particularísima de la propiedad inmobiliaria. Este principio, así como los aforismos semejantes a él, significan, lo repetimos, que mientras se permanece en la esfera del derecho propio no se lesiona el derecho ajeno, aun en el caso en que, por consecuencia de nuestras acciones, el vecino llegue a sufrir una lesión económica. Es pues legítimo invocar aquellos textos contra la teoría de los actos de emulación. Como demuestran los ejemplos clásicos y trillados, la lesión económica a que se alude, es una lesión de las condiciones externas: luces, aire, vistas. Pero todos esos aforismos deben entenderse con la siguiente restricción, sobradamente obvia: «con tal de que, al ejercitar el derecho propio, no se invada la esfera interna del vecino ni con inmisiones, ni con actividades».

Mas la responsabilidad por daños exige además, en general, una condición subjetiva, *la culpa;* exige que el acto pueda ser imputado a mi voluntad libre y consciente[23]. Ese era el principio de la ley Aquilia en el Derecho romano, y ese es el principio sancionado por nuestro Código civil en sus artículos 1.151-1.152. (art. 1.902, Código civil español). Basta con que haya una *culpa levissima,* una negligencia o imprudencia cualquiera; no es preciso que sea un acto de aquellos cuyas consecuencias todos (*omnes in civitate*) hubieran sabido prever; pero es preciso que el acto haya sido ejecutado por una persona consciente y que haya un nexo causal indudable entre el acto y sus consecuencias.

Con todo, en nuestra opinión, ya lo hemos dicho, se equivocaría quien pensara que, a menos de admitir una responsabilidad sin culpa, el riesgo de una industria determinada elimina en absoluto la obligación de resarcir. No creo que se pueda excluir la obligación de resarcimiento (verificado el daño, no en circunstancias extraordinarias sino en condiciones ordinarias) por el hecho de que el ejercicio de la industria sea de tal naturaleza que aun con las mayores precauciones, fatalmente hayan de producirse de vez en cuando efectos perniciosos para los vecinos. Por fuerza en tal caso tiene que haber una conciencia general de que el daño es posible, como la hay en el conocido caso del que juega a la pelota fuera del *campus iaculatorius.* Realmente, una gran industria con determinados riesgos inherentes a ella es comparable al juego. Habrá que establecer excepciones al principio con relación al trabajador, que es comparable al que se coloca dentro del *campus iaculatorius;* pero los vecinos, que permanecen dentro de su esfera propia, no tienen por qué sufrir este riesgo industrial y deben tener asegurada su protección con arreglo a aquel

[23] El hecho de reconocer que puede darse una lesión del derecho ajeno, ejercitando el derecho propio (pero en el sentido que hemos explicado) no implica que se deba y se pueda renunciar a la culpa en nuestro derecho positivo. He parece que Sorge (loc. cit. pág. 191 y sig.) procede con precipitación excesiva al prescindir de este requisito basándose en aquella premisa.

mismo principio. De lo contrario, la gran industria moderna, teniendo reconocida su libertad para hacer sus peligrosas instalaciones, quedaría en una situación de verdadero privilegio.

Más aún que en materia de perturbación y de acción negatoria es en la materia de los daños donde son de evidencia intuitiva y de reconocida eficacia general los límites que la Naturaleza y la necesidad imponen. La Naturaleza es el caso fortuito. Ciertamente, en orden a la propiedad inmobiliaria y a las relaciones de vecindad, puede ser difícil de determinar los casos en que, por la concatenación de las causas, haya que atribuir el efecto exclusivamente a la acción de la Naturaleza. Pero en esta materia vuelve a ejercer de nuevo un ascendiente el principio *qui suo iure utitur neminem laedit.* Quien no se ha salido de sus confines y en el ejercicio de sus operaciones se ha mantenido realmente dentro de los límites de su derecho, del *facere in suo,* sin incurrir en el *facere in alieno,* no puede ser hecho responsable si las consecuencias de su acto se propagan al fundo vecino *por la intervención de factores extraños.* Si alguien quema estopas o paja en terreno propio y de improviso se levanta un vendaval impetuoso que arrastra al fundo vecino las chispas, no puede hacérsele responsable de los daños que sufran las mieses, los muebles o la casa del vecino. Cuando entran en juego los agentes naturales el propietario perjudicado no podrá demandar contra el vecino por el hecho de que el primer impulso, más o menos remoto, proviniera de la actividad de este. Muchas de las trasformaciones de la superficie de la tierra, que tienen el aspecto de fenómenos naturales y vicisitudes geológicas, provienen en última instancia de la acción del hombre; pero en esas obras el hombre entra en la cadena de las causas naturales y es por tanto un elemento de la Naturaleza. La sequía de los manantiales y de las corrientes de agua, las inundaciones devastadoras del llano, los hundimientos, la esterilidad de las tierras pueden provenir de las tremendas talas de bosques en las montañas. La desecación de los lagos hace más duro el clima de las tierras ribereñas o circundantes y altera las condiciones de cultivo. ¿Deben denunciarse efectos tan dañinos y enormes como culpa de los propietarios de la montaña y de los lagos? ¿Debe sancionarse su responsabilidad por los daños causados, o más aún, declarar que despoblando el bosque o desecando el lago han violado los límites establecidos para el ejercicio de su derecho? Evidentemente no. Los propietarios de terrenos forestales explotan sus bienes del modo que creen mejor, aunque sea un modo rapaz y deplorable, y si hay repercusión de consecuencias sobre los fundos inferiores, ello tiene lugar por efecto de una serie de causas lentas y en parte misteriosas.

Si hay culpa, no es culpa individual, sino social.

Es la sociedad la que debe precaverse poniendo limitaciones a la propiedad forestal, o mejor aún, reabsorbiéndola en el dominio público. Solo al Estado se le puede exigir una previsión de mayor alcance respecto a la consecuencia de ciertos actos; el Estado o el Municipio son los que pueden permitirse el lujo de llevar la gestión de los bosques, no según su interés de propietario, sino de conformidad con el interés de la colectividad, o sea, precisamente, de los propietarios de los fundos inferiores. En los casos que venimos tratando, el nexo causal indirecto con la actividad del hombre es tan remoto que hasta puede dudarse de que exista; tanto es así, que ha sido la ciencia moderna la que ha demostrado las trágicas consecuencias de la despoblación forestal; siendo además una tesis que no deja de tener en el campo científico impugnadores que piensan que por lo menos es exagerada: la tala de bosques ha producido en Rusia efectos favorables y ha hecho más amplios y ricos los cursos de agua.

El principio *qui suo iure utitur neminem laedit* no excluye, pues, la responsabilidad por culpa en las relaciones de vecindad, pero obliga, si, a proceder con cautela más ponderada y a distinguir efectos directos y efectos indirectos a investigar el nexo causal entre el daño y la acción. Quien provoca humedad en el fundo vecino porque ha tenido la ocurrencia de transformar en bosques sus tierras de labor y sus viñedos, no es responsable de inmisiones ni de daños, ya que si aquellas consecuencias se producen es por obra de la Naturaleza. En cambio, quien trasforma sus tierras en arrozales o en prados de regadío muy bien puede ser responsable, porque la humedad la causa él *directamente,* por las necesidades de los nuevos cultivos. Análogamente, quien cavando o demoliendo en su fundo, o emprendiendo en él cultivos nuevos, prepara la obra de erosión de las aguas o el lento desmoronamiento del terreno, con daño del vecino, no puede ser hecho responsable de este daño, pero quien provoque el cuarteamiento o el hundimiento de la casa vecina con sus trabajos de excavación u otros semejantes, puede ser obligado a responder, siempre, bien entendido, que haya habido por su parte negligencia o imprudencia.

Mas a los límites de la Naturaleza conviene agregar, hemos de repetirlo, los límites nacidos de las necesidades generales de la coexistencia social.

En materia de daños, la fórmula del uso normal se presenta aún mejor en toda su equívoca falacia. Pues, si se causó un daño al vecino y si hubo culpa en el agente, poco importará que el acto del propietario haya sido normal o anormal; y en último término, desde siglos y siglos ¿puede haber nada más normal que hacer excavaciones y transformar cultivos? En cambio, la acción de la Naturaleza y las necesidades absolutas y generales entran en los contornos clásicos del caso fortuito y de la *vis maior,* que excluyen la culpa y el resarcimiento de daños.

13. Dada la ausencia de juicio separado para la acción negatoria y la acción de resarcimiento, para la violación del derecho de propiedad y el *damnum iniuria datum,* se explica que nuestra jurisprudencia no siempre distinga con claridad los dos puntos de vista diversos. De otra parte, en nuestro Código no se encuentra una sanción expresa de la prohibición general de *immittere in alienum* o de *facere in alieno* tal como la había, formulada, aplicada y desarrollada en Derecho romano; en cambio hay en él dos sanciones de carácter general para el resarcimiento de daños en los artículos 1.151-1.152 (artículo 1.902, Código civil español). Como además el daño, o verificado o temido (*damnum praeteritum* y *damnum futurum* que decían los romanos), constituye un criterio bastante seguro para excluir la tolerabilidad de la inmisión, mientras que la molestia entra generalmente en los límites de la tolerancia, se comprende que el punto de vista del daño exceda en demasía sobre el punto de vista de la inmisión.

Agréguese que las disposiciones preventivas para obviar los daños (véase especialmente los artículos 573. 574 y 578; cfr. artículos 589, 590 y 591 del Código civil español), constituyen verdaderas limitaciones del dominio, y por lo tanto están en su lugar propio entre las servidumbres legales.

Por lo demás, las sentencias no revelan generalmente la verdadera naturaleza de las relaciones y se fundan sobre lesiones jurídicas, propiamente dichas.

En esta materia corresponde un papel importante al artículo 574 (análogo art. 590 del Código civil español).

No es un artículo que tenga una significación general. Introduce una limitación de la propiedad y un remedio preventivo para instalaciones cuya implantación implique un peligro; más aún, a tenor de la letra del artículo, solo se refiere a ciertas instalaciones (máquinas de vapor y otros artefactos) y a ciertas causas de peligro (emanaciones nocivas, explosiones, incendios); dando atribuciones a la autoridad judicial para que ordene las medidas de precaución debidas para evitar todo daño.

El artículo es considerado como ejemplificativo o demostrativo, tanto respecto de las obras, como de las causas de peligro[24]. Así, se extiende su aplicación a las inmisiones de humo[25], a los rumores excesivos[26] e incluso a las sacudidas, trepidaciones y fenómenos análogos[27].

Puede decirse pues, que, aunque el art. 574 (artículo 590, Código civil español) que en este punto representa una novedad respecto del correspondiente art. 674 del Código civil francés, no tenga una significación general, no obstante, por virtud de la interpretación de la jurisprudencia, caen enteramente bajo su esfera los casos de la gran industria, que es la que ha hecho renacer en la Edad Moderna el problema de las relaciones de vecindad.

Con todo, incluso por lo que se refiere a estos casos, el artículo no preceptúa más que un remedio puramente preventivo. El problema general queda por tanto, en todo respecto, intacto.

A veces la jurisprudencia, para otorgar al propietario perjudicado por la inmisión o por la actividad del propietario vecino la supresión del perjuicio o el resarcimiento del daño, fundamenta sus sentencias, de modo simple pero justo, en el respeto debido al derecho ajeno. Otras veces, con menos justeza, invoca fórmulas genéricas, corrientes de carácter un tanto peligroso, como son el abuso del propio derecho, las consideraciones generales de vecindad, el atemperamiento del derecho propio con el derecho ajeno[28].

---

24 Cfr. Sala de Apelación, Turín, 9 de noviembre de 1888, *Foro it.*, 1889, I, 297; Casación Turín, 5 de septiembre de 1889, *Foro it.*, 1890, I, 129; Apelación, Milán, 22 de marzo de 1892, *Mon. trib.*, Milán, 1892, 401; Casación Turín, 18 de abril de 1893, *Mon. trib.*, Milán, 1893, 401, *Legge*, 1893, II, 188, *Giur. torinese*, 1893, 565; Apelación, Milán, 19 de mayo de 1896, *Mon. trib.*, 1896, pág. 696; Apelación Turín, 6 de julio de 1909, *Riv. di dir. comm.*, 1911, I, 211.

25 Cfr. Apel. Turín, 6 de junio de 1891, *Giur. torinese*, 1891, 827; *Mon. trib.*, Milán, 1891, 922; Casación Palermo, 2 de mayo de 1903, id., 1903, 624.

26 Casación Turín, 5 de septiembre de 1889, *Foro it.*, 1890, 1, 129: Tribunal Milán, 12 de mayo de 1911, *Mon. trib.*, 1911, pág. 494.

27 Apelación Turín, 9 de noviembre de 1888, *Foro it.*, 1889, 1, 297; Apelación Génova, 10 de febrero de 1894, *Temi gen.*, 1894, pág. 155.

28 Apelación Casale, 13 de julio de 1883, *Giur. Casale*, 1883, pág. 338: Apelación Trani, 25 de julio de 1887, *Riv. giur.*, Trani, 1887, 825; «el derecho de propiedad... está limitado por el derecho ajeno: por eso aquel derecho debe ser ejercitado de manera que no perturbe el derecho del vecino». Apelación Turín, 26 de abril de 1889, *Giur. torinese*, 1889, 521: «el derecho absoluto de propiedad no autoriza al propietario para usar de su cosa en manera que impida o dificulte a los demás, y especialmente a los propietarios vecinos, el ejercicio

Motivaciones tan vagas tienen un valor muy discutible para justificar la responsabilidad por daños, pero todavía son más inadecuadas para justificar la represión de las perturbaciones, la acción negatoria Para sancionar el respeto a la propiedad ajena y a la inviolabilidad e integridad de esta, sería más oportuno aducir que los confines del derecho propio son los mismos confines del propio fundo y que cuando se hace una inmisión en cosa ajena o cuando se actúa sobre ella, aunque sea por la propagación espontánea de las inmisiones u operaciones hechas sobre el fundo propio, se excede de la esfera del propio derecho. Se impone siempre el lúcido precepto romano: *in suo hactenus facere licet, quatenus nihul in alienum immittat* (*ur*), completado, según lo que resulta de otros textos que integran el pensamiento de los romanos: *quatenus nihil in alieno fiat.* Todos convendrán, espero, en que no es preciso invocar «las necesidades particulares que resultan de la coexistencia del ejercicio del propio derecho con el de los otros propietarios colindantes» para llegar a la conclusión de que «no se puede invadir el fundo vecino con infiltraciones resultantes de estar dedicado a arrozal el fundo propio»[29].

Algunas sentencias parece que admiten, con decisión mayor o menor, la posibilidad de una responsabilidad sin culpa[30].

---

de los derechos inherentes a sus respectivas propiedades». Casación Turín, 5 de septiembre de 1889, *Foro it.,* 1890, 1, 129: «queda obligado al resarcimiento quien produce un daño abusando del derecho de propiedad». Análogamente: Casación Turín, 5 de septiembre de 1889, *Foro it.,* 1890, 1, 129, Apelación Turín, 16 de julio de 1891, *Foro it.,* 1892, 1, 981: «el derecho de propiedad no puede ser ejercitado en manera que cause ofensa o perjudique al fundo del vecino». Apelación Venecia, 17 de diciembre de 1890, *Temi veneta,* 1891, 1, 44: «cuando por las circunstancias que lo acompañan el acto del propietario pueda ser calificado como acto dirigido a perturbar el ejercicio del derecho ajeno, hay lesión de este derecho». Casación Roma, 23 de agosto de 1892, *Mon. trib.,* Milán, 1892, 991; *Legge,* 1893, 1, 37: «el derecho de propiedad encuentra siempre un límite en el respeto debido a la propiedad del vecino». Casación Turín, 18 de abril de 1893, *Mon. trib.,* Milán, 1893, 401; *Legge,* 1893, II, 188: «el ejercicio del derecho de propiedad no autoriza a su titular para valerse de él en manera que impida o menoscabe el correspondiente derecho que otros, y especialmente el vecino, tengan sobre sus cosas». Apelación Génova, 29 de diciembre de 1905, *Temi gen.,* 1906, 51: «el derecho del propietario debe atemperarse con el derecho de los propietarios vecinos». Juzgado Génova, 5 de junio de 1906, *Temi gen.,* 1906, 348: «el derecho de propiedad encuentra en su ejercicio un límite en el derecho equivalente del vecino». Apelación Trani, 26 de octubre de 1906, *Foro Puglie,* 1907, 44; *Annali,* 1907, 61: «el respeto que se debe al vecino determina que no se pueda construir en la casa propia un homo que le produzca molestias». Apelación Florencia, 18 de mayo de 1909, *Temi,* 1909, 423: «el derecho del que ejerce una industria encuentra un límite en el derecho de los propietarios vecinos.

29 Juzgado, Lodi, 23 de julio de 1890, ilion. *trib.,* Milán, 1890, 1.017.

30 Apelación Bolonia, 27 de junio de 1885, *Foro it.,* I, 1900: «el que explota una mina de azufre debe responder de los daños causados a las plantas de los fundos circundantes con el anhídrido sulfuroso exhalado por los hornos de fusión, aunque se trate de labores necesarias para el ejercicio de aquella industria». Casación Nápoles, 17 de enero de 1888. *Mon. trib.,* Milán, 1888, 551; *Legge,* 1888, II, 16: «el que en el ejercicio de una industria produce daño al fundo del vecino queda obligado en todo caso al resarcimiento del mismo, incluso cuando el hecho causante del daño no pueda resumirse bajo los artículos 1.151-1.152, Código civil (art. 1.902, Código civil español). Casación Turín, 16 de julio de 1891, *Mon. Trib.,* 1891, pág. 669: «cuando el hecho dañoso es ilegítimo de por sí, la culpa está *in re ipsa* y por ello no hay necesidad de probar dicha culpa». Casación Turín, 6 de noviembre de 1903, *Mon. trib.,* 1904, pág. 186: «el hecho dañoso, cuando sea ilegítimo,

Con más frecuencia encontramos invocados acertadamente los artículos 1.151 y 1.152 (art. 1.902, Código civil español), la culpa aquiliana, la negligencia, el acto del vecino[31].

La separación rigurosa de las acciones permitía a los romanos el discernir con mayor limpieza y precisión los casos, entre sí diversos, de violación de confines y de producción de daños. Un individuo instala su estercolero junto a la pared vecina: se puede entablar la acción negatoria para obligarle a que quite de allí el estercolero (*cogere, ut sterculinum tolleret*); pero para reclamar el daño (*si quid, ex ea re sibi damni datum esset*) se habrá de entablar la acción en base a la *stipulatio damni infecti*, supuesto que el vecino *damni infecti stipulatus esset*. Es el caso examinado por Alfeno en la L. 17, § 2, D. *si serv. vind.*, 8, 5. En la L. 18, D. *de serv. praed. urb.*, 8, 2. Pomponio plantea el caso de que las cañerías de un acueducto vayan apoyadas a lo largo de mi casa. Ni siquiera trata de la hipótesis de su remoción, evidentemente porque se trata de un caso en que el vecino tiene una servidumbre de acueducto a través de mi fundo. La acción negatoria queda pues eliminada, pero eso no excluye que se dé acción de resarcimiento de daños. El resarcimiento puede haber sido previsto de antemano, estipulando la *cautio damni infecti*, «mas, si no se ha tenido esta precaución, se podrá entablar la acción como *actio in factum*, que es el substitutivo acostumbrado de la *actio legis Aquiliae*, de requisitos, esta, demasiado rígidos, especialmente por la exigencia del *damnum corpore et corpori*. Análogamente, no se tiene acción para pedir el alejamiento del horno establecido en la pared común, pues el vecino tiene derecho a usar de esa común pared; su cualidad de condueño le sitúa en posición análoga a la del titular de una servidumbre, no cabiendo contra él la acción negatoria. Pero si la pared se quema puede entablarse siempre acción contra el vecino, en base a la *stipulatio damni infecti* o a la consabida acción *in factum*, por los daños. Tal es el caso resuelto por Ulpiano en la L. 27, § 10, D. *ad leg. Aq.*, 9, 2[32].

---

obliga al resarcimiento del daño con independencia de toda indagación sobre la culpa de su autor». Las dos máximas de la Audiencia de Bolonia y del Tribunal de Casación de Nápoles enunciadas al principio, no contienen, en mi opinión, más que una apariencia de excepción, pues la previsibilidad del daño resultante de la explotación industrial implica ya la culpa, y la necesidad industrial de la explotación no exime de responsabilidad, según hemos demostrado en el texto. Pero las dos sentencias finales del Tribunal de Casación de Turín son en verdad sorprendentes, pues todo acto que lesione un derecho ajeno, o sea, todo acto dañoso en sentido jurídico, puede llamarse acto ilegítimo y en consecuencia, la indagación de la existencia de la culpa sería siempre innecesaria y por tanto el art. 1.151 (art. 1.902, Código civil español) inútil. Mas en realidad, la parte dispositiva de la sentencia no creo que justifique las peligrosas consideraciones que la preceden. Se trataba de daños causados a un fundo por arrozales del fundo vecino y en las sentencias se insiste en que el vecino no ignoraba y en que ha demostrado no ignorar, la posibilidad de causar daño con el nuevo cultivo.

31 Casación Florencia, 23 de marzo de 1893, *Temi veneta*, 1893, 275: «el ejercicio de un derecho sobre un fundo puede, en casos, engendrar también una responsabilidad por culpa aquiliana». Apelación Génova, 10 de febrero de 1894, *Temi gen.*, 1894, pág. 155: Casación Turín, 9 de diciembre de 1901, *Mon. trib.*, 1902, pág. 887; «el propietario del fundo inferior tiene derecho a que el propietario del fundo superior le indemnice el daño producido por los hundimientos del fundo mismo, cuando esos hundimientos no se deban a causas naturales sino a un sistema de cultivo especial y peligroso.

32 En el texto genuino de la *Collatio*, XII, 8, Ulpiano concedía la acción directa *legis Aquiliae* en el caso del *paries exustus*. Y solo para el caso de daño futuro en que no se pudiese recurrir a la *cautio damni infecti*, se inclinaba a conceder una *actio in factum*. Los compiladores han acogido la opinión más atrasada de Próculo.

En cuanto a los límites de tolerancia, nuestros Tribunales los fijan atendiendo, con sentido práctico, a la contraposición entre uso privado y uso industrial, entre incomodidades simples y daños sensibles, o bien entre perturbaciones, molestias o inconvenientes y daños verdaderos y propios. A veces se insiste sobre el carácter grave, excesivo, insoportable de la molestia o incomodidad, o sobre la circunstancia de que exceda de lo tolerable por una persona sana y normal; cosas todas que es oportuno poner de relieve en cuanto circunstancias de hecho, pero que son insuficientes y peligrosas si se las toma como motivaciones jurídicas[33].

Precisamente para fijar estos límites de tolerancia es para lo que deben invocarse las necesidades de la coexistencia social, que, en cambio, se invocan sin razón, para justificar la acción negatoria y el resarcimiento de daños.

---

[33] Apelación Nápoles, 25 de enero de 1887, *Annali*, 1887, 344: «si las molestias de la vecindad provienen del ejercicio de un oficio y exceden de las que derivan del destino corriente de la cosa a un uso privado, hay derecho a pedir que cesen». Apelación Turín, 21 de Noviembre de 1887, *Oiur. tor.*, 1888, 61: «tratándose de meros inconvenientes y de perturbaciones que proceden de la instalación de fraguas, con empleo de máquinas productoras de ruido y de trepidaciones del edificio, el vecino no tiene acción para pedir que se reduzcan aquellas, ni menos para exigir el resarcimiento de daños». Apelación Perugia, 10 de febrero de 1890, *Legge*, 1890, I, 596, *Mon. trib.*, Milán, 1890, 440: «contra el estrépito producido por el ejercicio de las pequeñas industrias necesarias para las comodidades de la ciudad... solo puede darse acción cuando lleguen a un extremo absolutamente excesivo e insoportable para el vecino». Apelación Turín, 17 de diciembre de 1895, *Oiur. tor.*, 1896, 176: «para que se aplique el artículo 574 (cfr. art. 590, Código civil español) es preciso que haya un daño apreciable, especialmente para la solidez y la habitabilidad del edificio vecino. Y así, pueden utilizarse máquinas de gas y máquinas para la gestión de una industria (tipografía) si su funcionamiento no produce más inconveniente que el de un rumor percibido desde la casa vecina, pero de tenue importancia y mantenido dentro de límites tolerables a que fácilmente se pueden habituar las vecinos». Apelación Turín, 3 de septiembre de 1897, *Giur. tr.*, 1897, 618: «el propietario de una villa de salud no puede impedir al vecino el uso de una trilladora cuyo ruido perjudique a los enfermos nerviosos que en ella se alojan; solo tendrá derecho a reclamar si el ruido es tan grande que hubiera de resultar insoportable hasta para personas sanas en condiciones normales». Apelación Florencia, 15 de septiembre de 1897, *Annali*, 1897, 348: «el polvillo de los carbones minerales y los fragmentos de hollín que escapen de la chimenea de un motor de vapor y que penetran por las ventanas y ensucian el agua del pozo del vecino, no constituyen una mera incomodidad que este deba tolerar, sino que provocan una disminución de su patrimonio y por tanto un daño resarcible, verdadero y propio».

Me parece expediente poco afortunado el invocar una disminución patrimonial, motivo de poca eficacia en comparación con el que hay evidentemente: una inmisión verdadera y grave en mi fundo, acompañada de grave daño.

Apelación Venecia, 26 de julio de 1906, *Mon. trib.*, Milán, 1906, 836: «aunque el propietario de un inmueble situado en un centro industrial haya de tolerar las perturbaciones y molestias que puedan causarle las industrias vecinas, no por ello ha de estar obligado a sufrir los daños graves causados a su propiedad». Tribunal de Perugia, 31 de diciembre de 1909, *Foro it.*, 1910, 1, 1.424: «el propietario de una casa situada en el interior de una ciudad, junto a un establecimiento industrial, tiene derecho a ser indemnizado por el daño que a su propiedad le venga de inmisiones que excedan lo normal de humo, polvillo o exhalaciones nocivas, sin atención a que haya o no culpa, imprudencia o negligencia del industrial e igualmente sin atender a alegadas costumbres del lugar». En cambio la Audiencia de Perugia en la sentencia 24 de noviembre de 1910, revocando la precedente, fundamenta en la costumbre la obligación de tolerancia: en mi opinión con menos acierto (*Riv. di dir. comm.*, 1911, 2, 211).

Justamente rechaza la jurisprudencia la existencia de responsabilidad en otros casos en que el vecino no penetra en la esfera interna del otro ni con inmisiones, ni con actividades[34]. Hay otras sentencias que se limitan a ordenar, sin más ni más, la remoción de la perturbación, y hay algunas que distinguen exactamente la acción real y la acción personal de indemnización[35].

Poco laudables me parecen algunas sentencias en que o bien se admite la existencia del daño a pesar de no haber propagación, ni de substancias, ni de actividades a mi esfera interna[36], o bien, por el contrario, se remite a la competencia de la autoridad pública casos de verdadera inmisión o propagación de actividades al fundo ajeno[37], así como otras en que considerando como caso fortuito el riesgo de la empresa, se le hace recaer sobre los vecinos perjudicados[38].

14. En el curso de este estudio hemos tenido que referirnos muchas veces a instituciones propias del Derecho romano en orden a la responsabilidad por daños y de que el derecho moderno solo conserva el nombre. La responsabilidad sin culpa es una aspiración de la doctrina moderna. Y ciertamente, es una aspiración que encuentra un gran fundamento de justicia en muchos fenómenos de la vida actual. Quizá el error de la doctrina ha sido el atacar de frente el principio de la culpa; bien desde el punto de vista del derecho positivo, manejando razonamientos sofísticos para negar la necesidad de la existencia de culpa; bien desde un punto de vista idealista, augurando el advenimiento de la llamada responsabilidad objetiva. En mi opinión, la tendencia justa estaría en secundar al legislador en el camino que le trazan las necesidades mismas de las cosas: establecer excepciones adecuadas y extensas a la rigidez del principio de la culpa.

Suele acusarse al Derecho romano de padecer esta rigidez. Como sucede con la mayor parte de las acusaciones que al Derecho romano se hacen, también esta

---

34 Apelación Palermo, 25 de agosto de 1893, *Foro sic.*, 1893, 257: «la Administración de ferrocarriles que hace perforaciones en terrenos adquiridos por ella y que, al hacerlas, corta los veneros de agua que nutrían manantiales de otro, no responde por culpa aquiliana ni tampoco por daños en los términos del art. 578, Código civil». Apelación Messina, 20 de marzo de 1907, *Temi sic.*, 1907, 8: «el propietario de una casa contigua a la de otro no está obligado a mantenerla en estado de habitabilidad y no es responsable del daño que al otro pueda resultar por la facilidad que encuentren los malhechores para entrar y esconderse en ella».

35 Cfr., por ejemplo, Apelación Aquila, 6 de septiembre de 1889, *Mon. trib.*, Milán, 1890, 677.

36 Apelación Venecia, 17 de diciembre de 1890, *Temi ven.*, 1891, 44: «el propietario de un terreno de caza que ordene al guarda que haga la vigilancia caminando sobre la linde, es responsable cuando se pueda demostrar que por orden del dueño, el guarda, al caminar, espantaba los pájaros de modo que les hacía pasar del terreno vecino al propio».
¡Pero los pájaros no son una parte de la propiedad del vecino! Apelación Milán, 30 de julio de 1894, *Mon. trib.*, Milán, 1894, 759: «el propietario de un inmueble, que permite al arrendatario que lo utilice para la prostitución, os responsable del daño y de la depreciación que sufran como consecuencia, los inmuebles vecinos. Los propietarios de esos inmuebles tienen acción para pedir tanto que cese el uso, como que se les indemnicen los daños».

37 Apelación Turín, 21 de noviembre de 1887, *Giur. Tor.*, I, 1888, 61: «cuando la trepidación y los ruidos sean de tal naturaleza que puedan causar un perjuicio serio a la propiedad o a la salud del vecino, es la autoridad pública la que habrá de tomar las medidas necesarias para que cesen estos inconvenientes, en interés general de los ciudadanos.

38 Cfr. Apelación Roma, 28 de mayo de 1910, *Riv. di dir. comm.*, 1911, 1, 211.

carece de fundamento. El Código civil es el que ha exagerado y ha dado inflexibilidad al principio fundamental del Derecho romano. Si la exégesis actual es demasiado libre y viola el espíritu del Código, en cambio la antigua exégesis puede ser acusada de que demuestra una adhesión excesivamente servil al principio de la culpa cuando recurre a la construcción de una *culpa in vigilando,* otra *culpa in eligendo,* etc., para interpretar los artículos 1.153, 1.154 y 1.155 (artículos 1.903, 1.905 y 1.907, Código civil español). El Derecho romano y especialmente el derecho clásico, contenía excepciones numerosas y extensas al principio de la culpa. Eran en parte residuos de un antiguo sistema (en el cual realmente, no es que se prescindiese de la culpa, sino más bien que esta se presumía siempre, hasta en los objetos inanimados); en parte un producto de la jurisdicción pretoria movida por la presión de las necesidades prácticas: el patrono respondía de las acciones de sus esclavos, lo que implicaba que el empresario respondiese de las acciones de sus trabajadores que en general eran esclavos (*actio noxalis servi nomine*); el *paterfamilias* respondía de los actos de los *filiifamilias* (*actio noxalis filii nomine);* el propietario de un animal respondía de los daños que este hiciere (*actio de pauperie*); los patronos de naves, de albergues o de transportes, de los actos de sus dependientes y comisionados.

Pero lo más importante para nuestro tema es que el Derecho romano había creado precisamente para las relaciones de vecindad una responsabilidad general sin culpa. Esta responsabilidad sin culpa estaba sancionada por la *stiputatio danmi non facti* (llamada más técnicamente *cautio damni infecti)* que podía exigirse, no solo porque amenazase ruina un edificio *(vitio aedium),* sino también frente a toda actividad del vecino en ejercicio *legítimo* de su derecho (*vitio operis),* tanto sobre su fundo (*facere in suo),* como sobre el mío, por ejemplo, a título de servidumbre (*facere in alieno),* o sobre el suelo público (*facere in publico*).

Aparentemente en nuestro derecho se ha intensificado la institución de la *cautio damni infecti.* Se ha establecido una responsabilidad legal por los daños causados por el derruimiento de un edificio (art. 1.155; art. 1.907, Código civil español) y se ha dado al juez (a la Autoridad en general en derecho español) la facultad eventual de ordenar providencias para obviar el peligro (art. 699, [art. 389, Código civil español]; cfr. también art. 574, [art. 590, Código civil español]). Mas en realidad, la institución ha quedado mutilada y empobrecida en su aspecto más grande y beneficioso, en aquel en que creaba una responsabilidad sin culpa por toda operación o gestión del vecino[39].

---

[39] Tampoco puede decirse que la institución haya sido mejorada en la parte en que sobrevive. Ante todo, cuando las medidas de precaución son impuestas por la ley y cuando la ley llega hasta a dar a la autoridad judicial las facultades más amplias, no es fácil creer que esas medidas de precaución sean en todo tiempo y en cada caso, las mejores posibles; ni tampoco pensar que el Juez pueda proceder siempre con el criterio más seguro y circunspecto. El particular es siempre el mejor juez de su propio interés; por eso el Derecho romano se confiaba a la libertad de los particulares y a la protección espontánea con que defendieran su propio interés; no se necesitaba en él hacer investigaciones, ni exámenes periciales sobre la gravedad e inminencia del daño (véase en cambio Código civil, art. 699; véase Código civil español, art. 590), porque la promesa, aunque se la hiciese acompañar de fianza, como se exigía a veces, no llegaba a constituir una carga excesiva para el poseedor o el agente. Pero es que además, la situación de quien teme peligro de la ruina de un edificio es en el Derecho moderno bastante más grave de lo que lo era en Derecho romano. En nuestro derecho el actor tiene que probar que la ruina ha sobrevenido por falta de reparaciones o por vicio de construcción, es decir, que, en última instancia, tiene que

Y he aquí como, en el período de la gran industria, de las ciudades fabriles, empenachadas de humo, de la actividad más violenta, peligrosa y prepotente que los propietarios hayan ejercitado jamás sobre sus fundos, la legislación se ha encontrado frente al problema de las relaciones de vecindad en situación más grave e inerme que la del antiguo Derecho romano. De aquí los esfuerzos de la jurisprudencia, al aplicar el art. 1.151 (art. 1.902, del Código civil español), para ampliar hasta los últimos límites de posibilidad el concepto de culpa y de imprudencia; de aquí los esfuerzos de la filosofía jurídica para hacer triunfar en la legislación el concepto de la responsabilidad objetiva por los riesgos de la empresa cuyas ventajas se disfrutan; de aquí finalmente los esfuerzos de la doctrina para confundir las relaciones de vecindad e insinuar en el derecho positivo una responsabilidad sin culpa que el derecho positivo no reconoce. En realidad es la jurisprudencia la que pisa terreno más firme. Mientras no se modifique la legislación, en materia de daños (esto es, fuera del campo de la acción negatoria que solo tiende a que cese la actividad o la inmisión) no se podrá aplicar más que el art. 1.151 (art. 1.902 del Código civil español).

---

probar la culpa del vecino; mientras que en el Derecho romano no tenía que probar ninguna de estas cosas, ni en el momento de recurrir a la caución, ni en el momento, ya verificado el daño temido, del juicio sobre la caución. Lo único que se discute en nuestro derecho es el rigor de la prueba, esto es, si el actor ha de probar de modo positivo la culpa del propietario del edificio o si, por el contrario, esta se presume, salvo la prueba adversa, de que el edificio se ha hundido por fuerza mayor, no por vicio de construcción o por falta de reparaciones. Algunas sentencias exigen la prueba de la culpa, esto es, la prueba de que el propietario conocía el mal estado de su edificio, de que había estado negligente en proceder a las reparaciones necesarias, de que el daño provino de falta de reparación o de vicio de construcción (Casación Turín, 20 de mayo de 1908, *Mon. trib.*, 1908, 541; *Giur. tor.*, 1909, 918). Otras admiten la presunción e imponen al demandado la prueba de que el daño no tuvo lugar por falta de reparaciones, ni por vicio de construcción sino por causa distinta (Casación Florencia, 27 de julio de 1896, *Temi ven.*, 1896, 497; *Mon. trib.*, 1896, 896 y 909; *Legge*, 1896, 497; Juzgado, Génova, 19 de febrero de 1900, *Mon. trib.*, 1900, 596; Apel. Génova, 25 de julio de 1898, *Temi gen.*, 1898, 486; *Legge*, 1898, II, 554). A veces se exige la prueba de la culpa, pero declarando que esta puede deducirse de presunciones graves, precisas y concordantes, esto es, admitiendo la llamada *praesumptio hominis* (Apelación de Messina, 26 de marzo de 1901, *Riv. giur.*, 1901, 145).
Observemos finalmente que el nombre de caución de daño temido del art. 699 (véase también art. 698; no hay disposición semejante en el Código civil español) parece puesto de intento en él para extraviarnos. Si hubiésemos de interpretar esta caución en el sentido romano, habría que preguntarse qué sentido tiene en relación con el art. 1.155 (art. 1.907 del Código civil español) que establece la responsabilidad legal. Pero es que la caución del art. 699 no puede considerarse, ciertamente, como una promesa, como una *stipulatio cautionalis* impuesta para obligar al vecino a un resarcimiento que la ley no preceptúa, sino como una de las garantías usuales contra la insolvencia del vecino.

CAPÍTULO II

LAS RELACIONES DE VECINDAD Y LA JURISPRUDENCIA

Sumario: 1. Humo, polvillo, exhalaciones. –2. Olores, ruidos, vibraciones. –3. Vecindad industrial, tolerancia consuetudinaria –4. Salida de chispas de locomotoras. Apreciación de la culpa. –5. Humo, polvillo, olores (véase núm. 1), fiestas de baile. –6. Daños causados por la multitud congregada en un espectáculo. –7. Descarga del carbón y reglamentos municipales. –8. Casas de lenocinio. –9. Polvo, ruidos, exhalaciones (véase núm. 1, 2 y 5); falacia del criterio del uso normal. –10. Daño e *incommodum*. –11. El argumento de la existencia u ocupación previas. –12. El argumento de la colisión de derechos. –13. Inmisiones directas. –14. Condiciones internas y externas. –15. Casas de lenocinio (véase núm. 8). –16. Vibraciones, sacudidas, ruidos ensordecedores (véase núm. 2). –17. Salida de chispas de locomotoras (véase núm. 4). –18. Disparos dentro de poblado. –19. Vecindades de sanatorios. –20. Molestias entre arrendatarios. –21. Vecindad peligrosa (depósito de explosivos). –22. Inficcionamiento de pozos por infiltración de aguas salobres. –23. Salida de chispas de locomotoras (véase núms. 4 y 17). –24. Vecindad peligrosa (véase núm. 2). –25. La comunidad y el criterio del uso normal. –26. Molestias entre arrendatarios (véase núm. 20). –27. Pérdida de amenidad y vistas lúgubres. Defensa de la premisa fundamental: condiciones internas y externas. –28. Apreciación de la culpa e inercia del perjudicado. –29. Necesidades industriales. –30. Dispensario antivenéreo, casas de lenocinio, relaciones de comunidad (véase núms. 8, 12, 15, 25. –31. Damnificación entre vecinos. –32. Salida de chispas de locomotoras (véase núms. 4, 17, 23). –33. Daños causados por el movimiento ferroviario. El criterio de la necesidad.

1. La sentencia del Tribunal de primera instancia de Perugia sobre la inmisión de humo, polvillo y exhalaciones nocivas[1] es acertada en principio. Pero aun así, ofrece una prueba de las vacilaciones y equivocaciones a que puede inducir el razonar con los conceptos de sensibilidad normal de la cosa y de la persona, y el no

---

[1] He aquí el enunciado de la sentencia del Juzgado de Perugia, 31 de diciembre de 1909 (*Foro it.*, 1. c.): Cantarelli con «Fábrica italiana de carburos y derivados»: «el propietario de una casa sita en el interior de una ciudad y vecina a un establecimiento industrial, tiene derecho al resarcimiento del daño derivante a su propiedad de la inmisión de humo, polvillo o exhalaciones nocivas siempre que excedan de lo normal, con independencia de que haya culpa, imprudencia o negligencia del industrial y sin consideración a alegadas costumbres locales».

distinguir entre acción negatoria y acción de resarcimiento de daños. La defensa de la fábrica de carburos, cuyas exhalaciones eran nocivas a los propietarios de la casa vecina, alegaba que en la peor de las hipótesis se trataría «de un malestar temporal, en el caso especialísimo de un enfermo de los bronquios y no de una molestia permanente e intolerable que implicase una limitación patrimonial»; alegaba igualmente las exigencias de la «vecindad industrial» y los límites de tolerancia consuetudinaria en la ciudad de Foligno. Ahora bien, los enfermos de los bronquios no están al margen del derecho y las observaciones de Ihering sobre la sensibilidad de las señoras neurasténicas y la de las personas de nervios y músculos fuertes no deben ofuscarnos; en este ejemplo se ve cómo el límite de tolerancia ha de marcarlo la necesidad del agente, no importando la normalidad del paciente, no importando siquiera, por lo que respecta a la acción negatoria, que el paciente exista. Desgraciadamente en algunas ciudades de Italia pueden ser normales muchos usos antihigiénicos, y pueden haberse consagrado por incuria, por bondad perniciosa o por mala costumbre muchas tolerancias; pero esas costumbres y esas tolerancias deben ser extirpadas, no invocadas. Ciertamente, no cabe negar que algunas exigencias de la vecindad industrial puedan llegar a asumir carácter de necesidad y que pueden llegar a exceder la tolerancia normal de los que las hayan de sufrir; mas ese resultado solo podrá admitirse cuando el ejercicio de la industria, en aquel lugar y en aquellas condiciones, corresponde a los intereses vitales de un centro exclusiva o esencialmente industrial. En cuanto a la disminución patrimonial, es, como hemos visto, un criterio engañoso para la acción negatoria, y el carácter temporal de la molestia no excluye la acción de daños.

Pero además, la motivación de la sentencia, al abandonar el criterio de la inmisión, ha confundido el aspecto de la invasión real de mi esfera jurídica interna y el aspecto de carácter obligatorio: el daño causado a la cosa. Decir que el industrial debe el resarcimiento independientemente de la culpa, porque la obligación de indemnizar «si bien no deriva de culpa, imprudencia o negligencia, encuentra su fundamento en la ley por cuya virtud cada uno, aun pudiendo hacer en su fundo lo que quiera, deberá indemnizar al propietario del fundo vecino cuando le haya causado un perjuicio cualquiera o por cualquier hecho», es decir cosa verdaderamente equívoca. Se podrán dar las mayores facilidades para presumir, respecto de los establecimientos industriales, la culpa levísima que exige la ley Aquilia; más no creemos que en materia de daños se pueda prescindir de la culpa dentro de nuestro derecho.

---

[2] Audiencia de Florencia, 16 de mayo de 1909, Levi con Spada: «tiene derecho a resarcimiento el propietario de un inmueble perjudicado por las exhalaciones nocivas derivantes del ejercicio de la industria de evacuación de pozos negros».
Audiencia de Turín, 6 de julio de 1909, Perrone con Dagnino con Municipio de Génova: «los inconvenientes que pueden provenir al vecino del empleo de máquinas, chimeneas, hornos, fraguas, establos y almacenes son enumerados por el art. 574 del Código civil (art. 590, Código civil español, efr., art. 1.908) con carácter meramente demostrativo y no taxativo.
«Y la disposición prohibitiva del mismo artículo puede aplicarse también a otros casos de inconvenientes menos graves que aquellos que en él se citan de explosión, incendio o exhalaciones nocivas (en el caso en cuestión: a los ruidos y vibraciones producidos por la maquinaria de una tipografía que causaba incomodidades insoportables, especialmente de noche, a un hotel vecino).»

2. Las dos sentencias de la Audiencia de Florencia y de la de Turín[2] resuelven dos casos típicos de relaciones de vecindad y de aplicación de la acción negatoria; uno concerniente a los olores deletéreos que penetran en el fundo vecino por la evacuación de pozos negros, y el otro concerniente a los ruidos que llegan al fundo vecino y a las vibraciones que sufre, por efecto de la maquinaria de una tipografía puesta en movimiento. En ambos casos el concepto de la *immissio* es de aplicación más bien dudosa. Por lo menos, en las vibraciones y sacudidas no hay modo de hablar de inmisión, y si hubiésemos de restringir a los casos de *immissio* los de lesión de la propiedad ajena, quedaría comprometida la solución equitativa de estas cuestiones. Pero hay que liberarse de esta obsesión de la *immissio*; pues no es más que una de esas fórmulas engañosas que se atribuyen al Derecho romano por la singular composición del *Corpus iuris*, que hace tan delicada y ardua la interpretación de los principios romanos. El *Corpus iuris* (este es su valor y al mismo tiempo su defecto, por lo menos desde el punto de vista legislativo) es una colección de casos particulares y de raciocinios concretos. Y es así natural, que los textos atiendan ya a una, ya a otra figura de lesión, según el caso sobre que versa el razonamiento. La *immissio* es, desde luego, el tipo de lesión que aparece con más frecuencia en las fuentes, pero hay que tener presente que la *immissio* de materias en el fundo ajeno es, realmente, el caso más corriente y regular de invasión en la esfera jurídica ajena, máxime en la antigüedad en que, si bien no eran desconocidas las fábricas y la gran industria, sí era desconocida la *maquinaria* que caracteriza la gran industria moderna.

En realidad, las fuentes romanas, apreciadas en su conjunto, nos llevan por un camino más lógico a una solución jurídica y equitativa. Para ellas no hay lesión sino cuando hay invasión en mi esfera interna, esfera determinada por los confines de mi fundo. La disminución del valor económico, las mismas alteraciones de la substancia de la cosa resultantes de alteraciones de las condiciones externas, representan lesión de un interés, pérdida de un *lucrum*, de un *commodum*, pero no lesión de un derecho. Mas la invasión de mi esfera interna tanto puede sobrevenir por *immissio in alienum* como por *facere in alieno*. En otros términos, en las operaciones que realizo dentro de mi fundo he de evitar tanto que se introduzcan substancias en el fundo ajeno, como que se propague a él mi acción, aunque sea sin inmisión de substancias. En las vibraciones y en las sacudidas no hay inmisión ninguna, pero se imprime al suelo un movimiento que lejos de apagarse dentro de mi fundo, se propaga al fundo ajeno y quizá con repercusión aún más dañosa, pues que este no estará acondicionado para resistirla. Los romanos colocan en muchos textos el *facere in alieno* junto al *immittere in alienum*. Y si no se da relieve al *facere in alieno* indirecto, esto es, resultante de operaciones que se realizan *in suo*, ello se debe a las condiciones de la industria antigua. Más el punto de vista lógico es siempre el mismo y no debemos abandonar la guía que nos da el paralelismo existente entre el *facere* y el *immittere*. Si hay dos fases o, mejor dicho, dos formas posibles de *immittere*, una consistente en arrojar directamente materias al fundo ajeno, otra en la propagación de materias desde mi fundo al vecino, también deberá haber dos formas correspondientes de *facere*.

Por tanto, el principio *qui suo iure utitur neminem laedit* debe ser entendido con esta doble limitación lógica, comprensiva del *immittere* y del *facere*: *quatenus nihil in alienum immittat vei in alieno faciat.*

3. Mas el respeto al derecho ajeno tiene un límite en la *necesidad de la coexistencia social.* No es el concepto de la tolerancia o de la tolerabilidad el que podemos manejar, sino el de la necesidad general y absoluta del pueblo.

Estas consideraciones dejan sin valor en nuestra opinión los considerandos en que se funda la sentencia de la Audiencia de Perugia de 24 de noviembre de 1910[3]. Se debatían las molestias provenientes de las exhalaciones de establecimientos industriales. La Sala, argumentando con que es posible que «sin hacer daño a otros vecinos no se pueda utilizar convenientemente el fundo propio», declara que «no puede limitarse la normalidad tan solo a los usos de costumbre, sino que debe extenderse también a los usos nuevos, ya que, conforme al art. 436, Código civil (art. 348 del Código civil español) el propietario tiene derecho a gozar de su fundo de la manera más absoluta», y que «entendiendo la normalidad en el sentido de *usos de costumbre...* se *constriñe a la industria a anquilosarse en las prácticas del pasado* y se niega la tolerancia para los nuevos procedimientos sugeridos por los progresos de las ciencias; cuando evidentemente es ilógico admitir la tolerancia para los procedimientos antiguos y menos útiles y rechazarla para los modernos y más ventajosos».

Ahora bien, conforme a los conceptos que hemos desarrollado, no es cierto que haya de extenderse la tolerancia a los usos nuevos, sino cuando dichos usos hayan adquirido el suficiente carácter de necesidad y generalidad, cuando correspondan a una necesidad, no industrial sino civil y cotidiana, como podría serlo la instalación de iluminación de gas o de luz eléctrica o de calefacción central; o sea, en última instancia, cuando puede decirse que ya no son usos nuevos. En esta materia debe servirnos de advertencia lo que hemos expuesto ya[4] sobre la evolución que llevo en Roma de la tolerancia de la labor de arado para la siembra del trigo a la tolerancia de igual labor para el cultivo en general, a la de las labores agrícolas para el cultivo cereal y arbóreo y finalmente a la de todas las labores de campo.

La Sala concluye atrevidamente: «puede admitirse un criterio relativo a la normalidad, mas no debe aplicarse a los usos del fundo sino más bien a los daños que derivan de los usos, y decir, por tanto, que son normales, y por ello tolerables, los daños que los vecinos toleran siempre. Entendida la normalidad en este sentido, viene a constituir un *índice seguro* para determinar cuáles son los daños leves que los vecinos deben sufrir pacientemente. Pues, si *el uso hace las veces de ley, siempre será un buen criterio* para juzgar que el daño es leve, la costumbre de tolerar algunos daños provenientes de las exhalaciones de establecimientos industriales».

Con toda su apariencia modesta este razonamiento exige que se le examine despacio. No cabe duda que la costumbre de la tolerancia es un buen indicio

---

[3] Audiencia de Perugia, 24 de noviembre de 1910: «Fábrica italiana de carburo y derivados» con Cantarelli: «el art. 574 (art. 590, Código civil español) del Código civil no impide que en las relaciones de vecindad se consideren y deban considerarse como normales y por tanto, tolerables otros daños e incomodidades leves producidos por el uso que el vecino hace de su propiedad; y la costumbre de soportar ciertos daños determinados, constituye siempre un buen criterio para juzgar de la normalidad y tolerabilidad del daño debatido (en este caso: humo y exhalaciones procedentes de un establecimiento industrial)».

[4] Véase «Criterio fundamental», núm. 11, al final.

para apreciar que el daño es leve; pero no es más que un indicio, no es un *criterio,* ni un *índice seguro,* como pretende la Sala. Y si la Sala impone con esa base la tolerancia de las molestias, una de dos: o admite una especie de prescripción de los usos más antihigiénicos, de los que infestan todavía nuestras ciudades pequeñas, y que llevaría a constituir en cada caso concreto una *servitus fumi, odoris immittendi,* chocando así contra la máxima *in facultativis non currit praescriptio,* contra lo dispuesto en el art. 688 (art. 444, Código civil español) (entiéndase, si fuéramos a sacar en serio las consecuencias de aquel razonamiento), o bien —sigamos también aquí la expresión de la Sala— atribuye valor de ley a costumbres de hecho que no merecen ser elevadas al grado de principios jurídicos limitativos de la autonomía del vecino en su esfera interna; dado incluso que la costumbre pueda hacer de ley en todo caso. Por otra parte, no es un expediente afortunado el de subvertir, como hace la Sala, el criterio de la normalidad (por un momento aceptamos tal criterio aunque para nosotros de lo que debe hablarse es de necesidades sociales), trasladándolo del uso a la molestia; no es afortunado porque se da una peligrosa extensión a la tolerancia, la cual es siempre un límite de interpretación estricta. Y así lo que en el caso en cuestión debe ser tolerado, porque así lo exige la coexistencia social, se convierte en un principio general de tolerancia, incluso cuando no lo exija más que la ventaja de un industrial o la comodidad o el capricho de un vecino. Según resulta de la sentencia de primera instancia, las costumbres invocadas por la sociedad de carburos, consistían en la tolerancia de las exhalaciones que emanaban de la estercoladura (y según parece de un mal procedimiento de estercoladura) de los terrenos de huerta en las afueras de la ciudad. Y de nuevo aparece aquí todo lo que hay de equívoco y de falso en el criterio de la normalidad, en comparación con el que nosotros propugnamos de las necesidades generales de la coexistencia.

Es también un criterio demasiado simple y teóricamente erróneo el que la Sala se resuelve a adoptar, distinguiendo entre el daño y el *incommodum.* Hay que atender a la causa y al carácter inevitable de la molestia, no a su entidad; bien entendido, siempre que la entidad sea tal que se la considere como molestia en las costumbres sociales. Es inoportuna la invocación de la L. 1, § 23, D., 39, 3, pues el *incommodum,* cuya tolerancia impone aquella ley, es un *incommodum naturale,* que nace del decurso natural del agua o de otra materia desde el fundo superior al inferior; justamente observa también el jurisconsulto que a cambio de este *incommodum naturale,* el propietario del fundo inferior tiene *commoda* igualmente naturales, ya que *omnis pinguitudo terrae ad eum decurrit.* En substancia es el mismo concepto puro y simple que hemos establecido más arriba; cada cual posee su cosa tal como la Naturaleza la modela en cada momento en ventaja o en daño suyo.

También cita la Sala (porque la sentencia está redactada doctamente) la L. 1, § 5, D., 39, 3 —que impone que se toleren los *sulci aquari* cuando alguien no pueda sembrar de otro modo en su fundo— para demostrar que es lícita la lesión al fundo ajeno «cuando uno de los vecinos no pueda usar de su fundo convenientemente sin causar daño a otros vecinos». Pero, como ve cualquiera, se trata de una tolerancia nacida de las *necesidades agrícolas* que asumen el carácter de *necesidades de orden general;* en el texto en cuestión tenemos una fase de la evolución general de la agricultura romana y de la evolución paralela del derecho que ya hemos expuesto. El mismo carácter recíproco de esta tolerancia entre fundo y fundo es prueba de su generalidad y necesidad.

4. La sentencia de la Audiencia de Roma, 28 de mayo de 1910[5], decide un caso de responsabilidad de la Administración de ferrocarriles por los daños de incendio producidos en los fundos contiguos por chispas salidas de una locomotora.

En rigor, este caso está fuera del ámbito de las relaciones de vecindad; pero en la doctrina moderna se mezclan fácilmente las hipótesis de violación de confines y acción negatoria con las de daños y acción de resarcimiento.

La sentencia de la Audiencia de Roma, suscita algunas dudas. Sin adherirme a la teoría de la responsabilidad objetiva, creo que no hay que exagerar, por la preocupación de seguir una línea lógica, la aplicación del principio de la culpa. Es conveniente proceder a examinar caso por caso si realmente el evento dañoso ha sido consecuencia de un fenómeno enteramente casual e independiente de toda voluntad y toda previsión (por ejemplo, un viento impetuoso e inesperado, o sea, un factor extraño y extraordinario, ha arrastrado la chispa al fundo vecino), o si, por el contrario, es una consecuencia fatal del ejercicio de la industria, de tal suerte que —siguiendo con nuestro ejemplo— incluso en las condiciones atmosféricas ordinarias, de vez en cuando haya de caer alguna chispa en el fundo vecino causando eventualmente en él daños graves. Estimo que en la segunda hipótesis no cabe negar el derecho al resarcimiento.

Creo que se incurre en una confusión, más aún, en una verdadera inversión de términos y relaciones, al mezclar en un mismo concepto eliminatorio de la responsabilidad, el caso fortuito verdadero, imprevisto e imprevisible, y el riesgo de una industria determinada. El industrial sabe su riesgo y se expone a él; no es justo que haga recaer las consecuencias sobre los vecinos, que no tienen con él relación, ni obtienen la menor ventaja de la industria. Ciertamente, no conducen estas reflexiones a presumir en todos los casos la responsabilidad; mas llevan sí, a examinar las circunstancias del hecho concreto y el carácter fortuito del accidente con más cautela de la que generalmente se observa. La prueba de la culpa debe proyectarse, más que sobre los elementos subjetivos, sobre la presencia o ausencia en el caso concreto de elementos objetivos, de circunstancias de hecho que reconduzcan de modo absoluto la causa del daño a un acontecimiento natural. Y no me parece que el fallo de la Sala se haya inspirado en las consideraciones que postulan las condiciones del industrialismo moderno.

Declara así, que «el efecto perjudicial... que no está en los medios del hombre impedir, hay que considerarlo como una de las *consecuencias inseparables* del ejercicio del tráfico ferroviario, una especie de *caso fortuito* que, siendo un *accidente no imputable,* debe ser sufrido por aquel sobre quien cae, salvo ley o pacto en contrario». Creo descubrir en este acoplamiento de elementos heterogéneos una aplicación inexacta de aquel concepto fundamental, justo e imprescindible, de que la responsabilidad por daños exige, como supuesto regular, la culpa.

---

[5] Audiencia de Roma, 28 de marzo de 1910, Terzoli y Levi con «Ferrocarriles del Estado»: «para que pueda ser declarada culpable la Administración de los ferrocarriles por los daños producidos por incendios en las propiedades contiguas a la línea del ferrocarril no basta con que el que ha sufrido el daño pruebe la existencia de la relación objetiva de causalidad entre la salida de la chispa de la locomotora y el incendio que estalló después, sino que es menester además que se pruebe la culpa del gestor o de sus agentes, *in omittendo* o *in committendo*».

5. Las sentencias más recientes de nuestros Tribunales sobre relaciones de vecindad, demuestran un progreso consolador, incluso en lo que se refiere a las fundamentaciones de los fallos. Podemos, pues, abrigar fundadamente la esperanza de que se forme una tradición de conceptos sanos, inspirados a un tiempo mismo en las exigencias de la vida y en la lógica de los principios. Contra el parecer de muchos, pensamos que no hay que lamentar el silencio de nuestro Código en esta materia, ni hay que desear que venga la palabra del legislador a poner término a las vacilaciones y las controversias. Cuando no se trata de regular relaciones concretas y definidas, sino de fijar principios de una cierta generalidad, es preferible que la jurisprudencia dé pruebas de su espíritu intuitivo y la doctrina del suyo de abstracción y coordinación y que juntas nos suministren el criterio adecuado, aunque sea después de tentativas y titubeos laboriosos. Y es una satisfacción comprobar, en esta materia precisamente, que la temible divergencia entre la teoría y la práctica va desapareciendo. El grupo de sentencias que anotamos a continuación revela que el trabajo de la doctrina y también la modesta contribución del autor, no han sido inútiles. Entre esas sentencias solo una aduce, pero sin darle importancia esencial, los elementos psicológicos y la doctrina de los actos de emulación. El criterio del uso normal aparece con frecuencia, pero corregido con limitaciones y aclaraciones tales que rara vez ha llegado a viciar el fallo.

En mis estudios recientes he intentado reaccionar contra este criterio práctico, mas no siempre idóneo, del uso normal; tanto en su vieja aplicación de límite a la prohibición de inmisión, como en su nueva aplicación (Ihering) de límite a la prohibición de injerencia o influjo en la esfera del dominio ajeno.

Reconociendo yo que eran fundadas las críticas de Ihering al concepto de inmisión, que regulaba las relaciones de vecindad en la vieja doctrina y que estaba inspirado en una visión demasiado limitada si no mezquina, tuve que criticar al mismo tiempo y quizá más acerbamente, el criterio adoptado por Ihering, de la injerencia o influencia, concepto por el contrario demasiado lato y que de ser mantenido en todo su rigor lógico, quebrantaría la esencia de la libertad y del derecho subjetivo, para dar protección al hecho y al interés no legítimos.

En mi concepto no se prohíbe toda influencia, pero tampoco, de otra parte, se prohíbe solamente la inmisión, sino que se prohíbe la propagación de substancias y de operaciones al fundo vecino; estas a su vez han de ser medidas, no según criterios físicos y absolutos, sino según criterios en cierto modo relativos de *sensibilidad social.* Pero sobre todo: *immittere in alienum* y *facere in alieno,* para usar la terminología romana, serán lícitos cuando sean consecuencia de operaciones que se realizan sobre la cosa propia en virtud de *necesidades generales e imprescindibles,* porque la necesidad es el límite de todo derecho y lo que se hace por necesidad escapa casi al concepto de voluntariedad y entra en el de las fuerzas naturales, cuyos efectos todos tenemos que soportar.

Correcta es en este sentido, la sentencia de la Audiencia de Milán, 3 de marzo de 1911, relativa a las razones de *necesidad* por las cuales, atendido el tiempo y el lugar, pueda consentirse la inmisión de olores. También lo es, salvo un cierto eclecticismo, la del Juzgado de Milán, 24 de agosto de 1912. Igualmente, la sentencia de la Audiencia de Milán, 23 de febrero de 1912 sobre los límites en que es admisible la facultad de dar fiestas de baile en los cuartos de vivienda[6]. A pesar del consentimiento del arrendador, podrán considerarse inadmisibles las fiestas de baile cuando la construcción de los edificios y la situación relativa de los cuartos vecinos sean de tal naturaleza que las molestias hayan de resultar inevitables y superiores al límite de tolerabilidad social. El dar fiestas de baile no responde ni a las necesidades de la sociedad humana ni a los fines de un departamento moderno de habitación.

Cabe imaginar actividades o instituciones análogas y quizá más útiles, como una sala de conferencias o un gimnasio, y sin embargo, no se admitiría, que pudieran establecerse en cualquier departamento, sin contemplación a los vecinos. Necesidad más absoluta que la del ejercicio físico, de instrucción o de diversión es la de tener asegurado el reposo en la casa propia.

Igualmente estimable es la sentencia de la Audiencia de Nápoles, 12 de junio de 1912[7], sobre la inmisión de humo y de polvillo de carbón. Nada importa el que

---

[6] Audiencia de Milán, 6 de marzo de 1911, «Banca d'Italia con Bigatti: «los propietarios de fundos vecinos están obligados recíprocamente a un cierto grado de tolerancia para las inmisiones provenientes del fundo vecino, tolerancia que ha de determinarse en relación con las razones de necesidad y del uso normal de la propiedad, sin olvidar las condiciones particulares de lugar y de tiempo.
Los vecinos, empero, no pueden quedar obligados a sufrir inconvenientes notables, serios y graves que reduzcan el valor de goce de sus bienes aunque ni la ley ni los Reglamentos prohíban el uso de la propiedad que ocasiona tales inconvenientes.
«Entre las exhalaciones nocivas contempladas en el art. 574, Código civil (art. 590, Código civil español, cfr. art. 1.908 del mismo) están comprendidas también las que son contrarias a la higiene (en este caso: olor nauseabundo que se propaga desde un depósito de residuos a los edificios vecinos utilizados para viviendas y restaurant)».
Audiencia de Milán, 23 de febrero de 1912, Montagnini con Meroni y con Goldfinger: «el que el arrendador de una casa levante al arrendatario la prohibición de dar fiestas de bailo en la casa arrendada no implica que el inquilino pueda utilizarla de manera que puedo resultar un daño para el arrendador, en el sentido de que los otros inquilinos puedan o tengan que reclamar la resolución de sus contratos, con los consiguientes daños.
«El arrendador de la casa y los inquilinos de la misma no pueden protestar en derecho de las molestias o perturbaciones provenientes de las veladas de baile dadas por otros inquilinos, mientras no excedan del límite de tolerancia necesaria para que sea posible la convivencia humana.»
Juzgado de Milán, 24 de agosto de 1912, Frova con De Benedetti y Corna: «en la producción de ruidos, sacudidas, vapores, gases, olores, humo, calor, etc., el acto solo será ilegítimo en el caso de que tenga un contenido emulativo o constituya una inmisión intolerable o anormal en el predio vecino.
Es emulativo el acto cuando, aun sin ser malicioso, causa daño al vecino, sin procurar ventaja ninguna a quien lo realiza.
Se entiende por tolerabilidad, la tolerabilidad física media común. La normalidad concierne igualmente al destino que se da al predio y al ejercicio del derecho dominical.
«Cuando la actividad de un taller industrial no pueda ser reducida dentro de los límites de la tolerabilidad y la normalidad, tal como quedan explicadas, la Autoridad judicial puede ordenar la remoción del mismo.»

[7] Audiencia de Nápoles, 12 de junio de 1912, Centore con Centore: «conforme a la norma jurídica consagrada en el art. 574, Código civil (artículo 590, Código civil español) el ejercicio del derecho de propiedad debe detenerse cuando se encuentra o choca con un derecho contrario de igual naturaleza.
«Es acto de tolerancia que no puede servir de fundamento a la prescripción, el soportar sin reclamación ninguna durante largo tiempo el daño causado a la cosa propia.»

esas inmisiones hayan sido toleradas durante mucho tiempo. De una parte, como justamente recuerda la sentencia, por virtud del art. 688 (art. 444, Código civil español) Código civil y por la condición jurídica preexistente de los locales, en la cual el autor de los herederos litigantes había asumido voluntariamente la tolerancia del uso a que estaba destinado el edificio, que entonces era suyo por entero; de otra parte porque, en tesis general, el límite de tolerancia, es, en mi opinión, variable y, por tanto, la práctica del tiempo pasado no vincula al presente.

También hay que reconocer plenamente la bondad del fallo y el mérito de la cuidada redacción de la sentencia de la Audiencia de Nápoles, 10 de julio de 1912[8] sobre una compleja cuestión de pérdida de amenidad del paisaje, desvaloración del solar y destrucción de industria vidriera y balnearia, como consecuencia de la instalación de los talleres «Ilva ai Bagnoli».

Es este un conflicto característico con la más poderosa de las industrias modernas, la industria siderúrgica.

La sentencia contiene una apreciación rigurosamente exacta de las *condiciones externas,* cuya pérdida no es resarcible, y de las *condiciones internas,* cuya alteración puede impedirse y cuyo resarcimiento ser exigido. Solo hay un punto sobre el que yo quizá me atreviera a formular alguna duda, el punto relativo al mar y al daño para la industria balnearia, consecuencia del inficcionamiento de las aguas. Es probable que de hecho también haya sido acertada la solución de este punto, mas no creo que pueda decirse con carácter absoluto que, por ser el mar de dominio público, no cabe hablar de derecho al resarcimiento. Precisamente todos los ciudadanos tienen un derecho igual de uso sobre las cosas de dominio público; de donde resulta que quedamos fuera del campo de las relaciones de vecindad y nos encontramos más bien frente a un problema de colisión de derechos, de igual suerte que ocurre con las relaciones entre condueños. Y siendo así, no se debe desatender el hecho y el interés constituidos, pues que se trata de un interés legítimo.

En el título 43, 8, del Digesto, *ne quid in loco publico,* se resuelve una serie numerosa de relaciones de ese género, todas las cuales aparecen compendiadas en el amplísimo concepto que da del daño, a este propósito, la L. 2, §11: *Damnum auten pati videtur qui commodum amittit, quod ex publico consequebatur, qualequale sit.* También puede resultar oportuna, tratándose de colisión de derechos, la aplicación de aquel criterio por el que se distingue entre aquel *qui certat de damno vitando* y aquel *qui certat de lucro captando.*

6. Más dudoso es el fallo y la fundamentación de la sentencia de la Audiencia de Turín, de 4 de diciembre de 1911[9], sobre los daños cometidos en los fundos

---

8 Audiencia de Nápoles, 10 de julio de 1912, Bournique con Sociedad Ilva: «la autorización gubernativa para ejercer una industria no elimina ni disminuye la protección jurisdiccional de la propiedad privada.
El criterio para la delimitación de los conceptos concernientes a las relaciones de vecindad consiste, no en un elemento psíquico como es el acto Je emulación, sino en un concepto material como la *immissio in alienum* desmesurada, anormal.
«Consecuentemente, solo son indemnizables las condiciones internas, no aquellas externas con las cuales resulta privado el *dominus* de una ventaja no jurídica».

9 Audiencia de Turín, 4 de diciembre de 1911, Bertetti y otros con Cavalchini y otros: «no hay una responsabilidad objetiva o absoluta a cargo de quien ejercita un comercio o una industria por los daños que a causa o con ocasión de ese desempeño, pueden resultar para

vecinos por la multitud congregada para presenciar un espectáculo de aviación. Puede asimilarse este caso al de las molestias causadas por la asistencia a un teatro, o, en general, a una reunión pública, especialmente con fines de pasatiempo, que son los casos en que a ciertas horas, la afluencia es mayor y más ruidosa.

Con todo, en esta hipótesis es en la que hay que tener mayor cuidado para enfocar el caso concreto, pues que no estamos en materia que sea siempre propia de las relaciones de vecindad, ni tampoco puede decirse que el daño sea una consecuencia de la perturbación de esas relaciones. Una de las figuras más acusadas del género es el caso concreto de que nos ocupamos. En él estamos fuera en absoluto del campo de las relaciones de vecindad; los demandantes no se quejaban del estrépito ni, en general, de perturbación ninguna que fuese propagada desde el recinto del espectáculo, pues en el campo abierto esta perturbación habría sido más que tolerable. Por otra parte, semejantes espectáculos por fuerza han de tener lugar en algún sitio, y, ciertamente, el campo lo es más adecuado que la ciudad. Ni siquiera se quejaban los vecinos de las molestias que les había causado el ir y venir excesivos de la muchedumbre; si hubiera sido esa la cuestión, se habría tratado quizá de un caso de colisión de derechos por un uso excesivo de la cosa pública (el camino) a que habían dado ocasión los organizadores del espectáculo. Pero es evidente que no hubiera sido serio el promover quejas por una animación que, dado el lugar y la excepcionalidad del espectáculo, más que una molestia significaba una diversión. Las quejas eran de que la multitud había invadido los terrenos de los vecinos, saqueando cosechas, pisoteando sembrados y arrancando plantas. Siendo esto así, la controversia versa sobre una cuestión de daños pura y simple, en la que hay que prescindir de la circunstancia de que fueran limítrofes el campo de aviación y los fundos perjudicados.

De igual modo podría suscitarse la cuestión aunque los fundos estuviesen colocados a distancia considerable, porque la relación entre los fundos nada importa, pues nada se ha propagado ni se ha introducido de un fundo al otro.

Eliminada pues, la aplicación de los principios que regulan las relaciones de vecindad, no tendremos más que atenernos a la aplicación pura y simple del art. 1.151 (art. 1.902, Código civil español) y a los requisitos del daño y de la culpa. Centrado así el problema, la solución no es difícil; el daño ha sido causado por la multitud, la cual, desgraciadamente, en el Derecho civil lo mismo que en el penal, es un agente irresponsable, que podemos clasificar en el número de las fuerzas brutas. Pero lo que sí podrá indagarse es si ha habido alguien que, imprudente o negligentemente, haya desencadenado con sus actos estas fuerzas brutas y que haya de ser por tanto, considerado como responsable de sus efectos. Y quizá en nuestro caso la respuesta debía inclinare más a la afirmación que a la negación. No se trata de imponer al comerciante o al industrial que ejercita su actividad en

terceros, sin culpa de nadie.

La acción concedida por el art. 574 del Código civil (art. 590 del Código civil español), puede entablarse tanto contra el propietario que concedió al vecino su cosa para un uso dañoso, como contra el arrendatario que al usarla de aquel modo produjo el daño.

«La responsabilidad establecida en el art. 574, Código civil (art. 590 del Código civil español), solo tiene lugar cuando el daño sea consecuencia del uso dañino de la cosa, poro no cuando sea consecuencia del acto de un tercero extraño a la relación jurídica existente entre el propietario y el arrendatario, y el acto además se haya realizado con ocasión, pero no a causa de dicha relación.»

la órbita de las leyes una responsabilidad al margen de toda culpa, sino de examinar si acaso existe aquella *culpa levíssima,* que no es más que la conciencia pura y simple de la posibilidad del daño, requerida por el 1.151 (artículo 1.902 del Código civil español).

No basta replicar que el daño lo ha causado el hecho de un tercero, porque, lo repetimos, este tercero no es más que una fuerza bruta, provocada por otro, y la cuestión está sencillamente en saber si el otro podía tener conciencia del modo como aquella se había de comportar y si podía ponerse en guardia y evitar por ejemplo la invasión de la propiedad a lo largo del camino y sobre todo en los alrededores del recinto[10].

7. En cambio es una sentencia verdadera y propia de relaciones de vecindad la emanada por la Audiencia de Venecia en 18 de marzo de 1912[11]. Se trataba de diversas incomodidades causadas por la descarga de carbón: invasión de polvo que manchaba, en el exterior, las fachadas de los edificios y en el interior, los suelos, la ropa blanca, los trajes y los muebles; todo ello acompañado de la perturbación del reposo por los ruidos que causaba el transporte, etc. La Sala se declaró incompetente por estimar que el uso de las vías públicas debe ser regulado por la autoridad administrativa y no por la judicial; citando, además, dos bandos del Alcalde de Venecia que tendían a regular el transporte de carbón por las vías de agua y tierra de la ciudad, fundándose en el art. 151 del texto único de la ley Municipal y Provincial de 1898.

A otros ha parecido laudable esta sentencia; nosotros no podemos decir lo mismo. Evidentemente, la autoridad judicial tiene su campo propio, y tiene el suyo la autoridad administrativa; pero no parece precisamente, que en este caso la autoridad judicial haya sabido mantenerse en el que le corresponde. La autoridad administrativa reglamenta el uso de las vías públicas que pertenecen a la esfera de su dominio; la autoridad judicial debe vigilar para que ni de las casas particulares, ni de las vías públicas partan inmisiones o perturbaciones en daño de otros propietarios.

No porque el Estado y el Municipio sean propietarios o titulares de las cosas públicas, han de tener privilegio frente a los propietarios particulares; sobre todo, el privilegio de autorizar la invasión en la esfera privada ajena mediante el uso de las vías públicas y, en general, de los lugares públicos. Ciertamente que las necesidades sociales, que en nuestra opinión representan el verdadero límite del derecho de los propietarios limítrofes, se dejan sentir más

[10] Cfr. ahora también Abello, «Sobre el daño causado por la multitud, etc.» (La *Legge,* LII, 1912) en anotación a la misma sentencia.

[11] Audiencia de Venecia, 18 de marzo de 1912, Grünwald con Walter: «compete a la Autoridad administrativa, no a la judicial, la reglamentación del uso de las vías públicas por agua y por tierra, incluso em los casos en que se afirme que determinada forma periódica de eso uso privado de las vías públicas (transporte de carbón dentro de las poblaciones, con estrépitos, emanaciones de humo, etc.) sea perjudicial para las propiedades privadas adyacentes.
El art. 574 del Código civil (art. 590 del Código civil español) no puede constituir un fundamento para las providencias legales y las prohibiciones de prescripciones de igual género que se solicitan de la Autoridad judicial a este efecto; y menos aún puede esta Autoridad dar indicaciones o sugestiones que no sean susceptibles de una sanción concreta.»

vivamente respecto de la vía pública vecina, que respecto del fundo adyacente. Mas ello no significa que no deba ser la autoridad judicial la llamada a conocer de las transgresiones de este límite más elevado de tolerancia. Poner diques a las inmisiones provenientes de la vía pública no es inmiscuirse en la policía urbana ni menoscabar un derecho, que no se discute, del Estado o del Municipio; del mismo modo que no es menoscabar el derecho ni violar la autonomía del particular en su fundo, imponerle normas a que se ha de sujetar en el establecimiento de sus instalaciones o en el ejercicio de sus operaciones, a fin de evitar que invada la esfera ajena.

Por tanto, la reglamentación administrativa del uso de las vías públicas no prohíbe al magistrado que ponga frenos a la violación de la propiedad privada, ni que reprima las inmisiones excesivas e injustificadas, incluso ante el punto de vista de las necesidades públicas; ni impide que se adopten providencias como las previstas en el art. 574 del Código civil. Desde luego que, al dar la Autoridad administrativa sus reglamentos para el uso de las vías públicas, ha podido tender, no solo a la finalidad de conservación de las vías en interés propio y en interés de todos, sino también a la protección eventual de los habitantes de las casas adyacentes de las molestias excesivas y de los perjuicios que pudieran sobrevenirles. Pero también es posible que estos Reglamentos sean insuficientes o que estén en conflicto con el Código o con los principios del derecho; en tales casos es la Autoridad judicial la que habrá de juzgar con independencia de lo que dispongan esos reglamentos. Al hacerlo así no cometería una infracción del art. 4.°, ley 20 de marzo de 1865 de lo contencioso-administrativo, que fija la independencia recíproca entre las Autoridades administrativa y judicial, pues en los casos de que nos ocupamos el Magistrado no pide ni revocación, ni modificación del acto administrativo, sino que juzga simplemente sobre la aplicación de los principios reguladores de las relaciones de vecindad y sobre si el acto administrativo viola esos principios. El Magistrado lo único que hace es rechazar sus efectos, cosa perfectamente lícita en base a ese artículo.

Podría suceder que la Autoridad administrativa autorizase el transporte por calles determinadas de materiales nauseabundos o de materiales que proyectan verdaderas nubes de polvo contra las casas adyacentes; ¿habría de denegar justicia la Autoridad judicial al particular que la pidiera, por temor de entrar en conflicto con la Administración? Es principio reconocido y obvio que la autorización administrativa para la instalación de un establecimiento no quita a los particulares el derecho de demandar por daños o molestias, y la misma situación de cosas es la que se presenta respecto de los reglamentos que autorizan el transporte de víveres y materiales por las vías públicas.

8. La sentencia de la Audiencia de Venecia, de 12 de mayo de 1912[12], concierne a aquella aplicación que se presenta con mayor aire de honestidad entre todas las

[12] Audiencia de Venecia, 12 de mayo de 1912, B. con T. con Z.: «el uso anormal de una casa destinada a vivienda puede engendrar a cargo del propietario de la misma la obligación de resarcir ex delicto los daños que se sigan para los propietarios de los inmuebles vecinos. Hay uso anormal de una casa, no solo cuando el propietario realice actos materiales que considerados desde el punto de vista higiénico o físico puedan causar daños y molestias al propietario vecino, sino también cuando realice actos que, aunque materialmente sean inocuos, en cambio resulten moralmente nocivos y dañinos.

extraviadas aplicaciones de la teoría del uso anormal. Me refiero a la gestión de casas de lenocinio y a la obligación impuesta a los gestores de resarcir a los vecinos. Ya me he ocupado de este caso[13] que, vuelvo a decirlo, con toda su honesta faz, representa una aberración, y no quisiera repetirme. Solo quiero hacer notar la extraña superficialidad en que incurre en este punto la doctrina, tanto en la justificación como en la invocación de una supuesta jurisprudencia constante. También en este caso, es de utilidad examinarlo en su manifestación concreta poniendo en claro los elementos que justifican su resolución. En una famosa sentencia, y no es la única, se trataba de las relaciones entre propietarios de pisos diversos, esto es, de falsas relaciones de vecindad y de verdadera figura de conflicto de derechos. Desgraciadamente, la doctrina no ha llegado todavía a distinguir claramente unas de otras. Otras resoluciones están justificadas porque el efecto de la explotación dicha, con sus idas y venidas, sus estrépitos y reyertas, repercutía en las casas de los vecinos perturbando su quietud. Pero cuando no se invoca más que el orden moral, convendría no perder de vista que si es lamentable que la inmoralidad constituya un objeto de especulación, más lamentable es quizá que el objeto lo constituya el respeto a la moral. No se comprende por qué razón moradas como esas, que el severo Catón consideraba como una necesidad social, solo puedan explotar *gratis* el placer en los barrios de los pobres, y que en cambio la inmoralidad tenga que pagar su escote a los propietarios de las casas vecinas para instalarse en los barrios ricos. Es cierto que las casas de esa clase por su misma vecindad, y por muy discretamente que se tengan, deprecian los inmuebles vecinos; pero es igualmente cierto que la misma depreciación se produce con la vecindad de prisiones, hospitales, manicomios o cementerios, y a nadie se le ocurre decir, en tales casos, que están obligados a indemnizar a los propietarios vecinos el Estado, el Municipio o los particulares que los tengan; siempre, claro es, que no haya ninguna infiltración dañina en su esfera interna, sino solo el disgusto de la desagradable vecindad y, como consecuencia de él, una disminución del importe de los alquileres y del valor de los inmuebles.

Nadie tiene derecho a las condiciones puramente externas de su dominio. La mejor protección contra las alteraciones más graves, la dan las leyes económicas. Es realmente muy poco probable que en un barrio de villas se instalen edificios destinados a cualquiera de esas tristes funciones, con la única perspectiva de pagar por el alquiler un precio diez veces mayor que el que se pagaría en un lugar más apropiado. De todos modos, cuando suceda así, me parece excesivo agregar un tributo caprichoso en favor de los vecinos. En resumen, reiteramos que cuando no existe propagación de acciones, o de inmisiones a la esfera interna del dominio ajeno, no cabe ni represión por el uso, ni responsabilidad por los daños. Y lo mismo debe decirse cuando la propagación se deba a una necesidad general imprescindible. Finalmente, tampoco es concebible la acción de daños, ni la acción real, cuando las propagaciones, aunque físicamente comprobables, sean insignificantes desde un punto de vista social y por ello tanto como inexistentes.

El propietario que ejerce en su casa o deja ejercer por otros la prostitución, clandestina o pública, usa de la misma de manera anormal.
La autorización de la Autoridad de seguridad pública para el ejercicio de la prostitución y el hecho mismo de que esta se practique con sujeción a todas las prescripciones reglamentarias, no exime al propietario de la obligación de resarcir al vecino los daños que para él resulten del uso anormal de aquella casa».

13 Véase supra, *Criterio fundamental*.

9. Las sentencias de las Audiencias de Milán (7 de febrero) y de Catania (17 de marzo) sobre la inmisión inmaterial de ruidos y la inmisión material de polvo desde la casa vecina; la del Tribunal de primera instancia de Florencia (12 de febrero) y la de la Audiencia de Parma (18 de abril)[14], también sobre la inmisión de ruidos y la de exhalaciones provenientes de los talleres, son acertadas, al menos en lo que concierne al punto esencial de la solución. En los motivos y en las deducciones se nota ya en nuestra jurisprudencia una visión más exacta de las relaciones de vecindad.

Conviene, con todo, hacer algunas observaciones sobre algunos puntos y poner en guardia contra la confianza excesiva en las fórmulas más modernas, confianza que no ha dejado de tener consecuencias en algunos puntos accesorios de alguna de las sentencias que citamos y que podrían resultar verdaderamente peligrosas si llegasen a consagrarse como *ius receptum.*

De nuevo tengo que aconsejar ante todo que se proceda por lo menos con cierta precaución, cuando en las relaciones de vecindad se apoye la argumentación sobre la teoría alemana (que va unida al nombre de Ihering) del uso normal de una parte y la tolerabilidad normal de otra; teoría que en mayor o menor grado es la dominante en las sentencias que siguen.

He tratado de demostrar en el anterior estudio sobre este tema que aquel concepto no es exacto teóricamente y que no responde tampoco a las fuentes roma-

---

[14] Audiencia de Milán, 7 de febrero de 1913, Galbiadi con razón social «Sucesores de M. Wolff» y con Sangregorio y Avalle: «el derecho del inquilino a la resolución del contrato de alquiler o a la disminución del precio del alquiler a causa de los ruidos provenientes de un establecimiento vecino, es independiente del derecho del arrendador a ser indemnizado, a su vez, por el propietario de la casa vecina, y por tanto, no puede ser subordinado a ese derecho.

«El arrendador, a quien el inquilino perturbado en el goce de la cosa arrendada pide indemnización de daños por los ruidos provenientes de la casa vecina, tiene derecho a ser relevado por el propietario del inmueble vecino cuando los actos que este realiza sean de tal naturaleza que sobrepasen aquellos límites de tolerancia que impone la convivencia social y que lleguen así a determinar una lesión efectiva del derecho de propiedad de otro.»

Audiencia de Catania, 17 de marzo de 1913, Nicolosi con Nicolosi «el hecho de sacudir por costumbre las alfombras desde una terraza, constituye una molestia contra la que el propietario de la terraza inferior, que avanza más que la de arriba, puede entablar la acción negatoria *servitutis*».

Audiencia de Parma, 18 de abril de 1913, Malerba con la Sociedad: «Union des Gaz»: «La preexistencia del taller que exhalaba olores nocivos para los edificios vecinos no es razón suficiente para eliminar radicalmente toda causa de indemnización, si bien puede influir sobre la medida de la indemnización dicha.

Los intereses de la indemnización corren desde el día en que tuvo lugar el perjuicio inicial, no desde la demanda judicial, ni mucho menos desde la sentencia (art. 1.231 del Código civil).

«Estos intereses no están sujetos a la prescripción de cinco años, sino a la de treinta.»

Juzgado de Florencia, 12 de febrero de 1913, Matteini con Amnirasidoli: «las inmisiones *in alienum* deben ser toleradas siempre que dadas las condiciones de la civilización moderna, no perturben la coexistencia social de las diversas propiedades, causando una disminución sensible de valor, esto es, un daño verdadero y propio.

«No pueden formar la baso de una reclamación judicial aquellas meras perturbaciones que se soportan ordinariamente en la convivencia social y que no se traducen en una depreciación de la propiedad ajena».

nas. Solo las necesidades *generales y absolutas* de la convivencia social pueden darnos el criterio para establecer el deber de tolerancia del vecino, o sea, la medida en que el propietario puede sobrepasar el ámbito de su esfera interna con las repercusiones externas de su actividad. Son necesidades que, por ser absolutas, actúan como fuerzas naturales y por ello son, como estas, freno y límite legítimos al ejercicio de todo derecho; y necesidades que, por ser generales, son también recíprocas. No pueden tomarse en consideración las necesidades especiales de una industria determinada a no ser que la industria misma asuma el carácter de necesidad general. Pero, por otra parte, lo que sea efecto de una necesidad absoluta y general habrá de ser tolerado *incluso aunque se pueda considerar como cosa difícilmente tolerable, incluso aunque en condiciones diversas no pudiera imponerse dicha tolerancia.* No se trata de medir en sí misma y en sus efectos, la incomodidad que provenga del vecino, o, en general, del exterior. No se trata de declararla leve, tolerable para una persona normal, para una persona que no esté enferma de los nervios (es la expresión de Ihering); se trata de apreciar sus causas. Ciertamente, sucede en la práctica que las necesidades sociales y la costumbre cotidiana hacen que nuestros nervios estén habituados a toda una serie de inmisiones corporales e incorporales y que nuestro espíritu se resigne a sufrirlas. Pero también es cierto que mucho de lo que toleramos en la vida urbana con paciencia o sin ella, pero siempre resignadamente y sin pensar en entablar demanda, excede a menudo la medida de lo que estaríamos obligados a tolerar en otras ocasiones, por ejemplo, en relación con un taller industrial, y excede también, podemos agregarlo, los límites de lo tolerable. Horacio se quejaba en su tiempo de que no podía hacer versos en Roma, trastornado como estaba por los ruidos de la vida de la ciudad, por el tráfico de las calles y por las grandes máquinas (!) de su época:

> Festinat calidus mulis gerulisque redemtor,
> Torquet nunc lapidem, nunc ingens machina tignum,
> *Tristia robustis luctantur funera plaustris,*
> Hac rabiosa fugit canis, hac lutulenta ruit sus.
> *I nunc et versus tecum meditare canoros!*
>
> *Tu me inter strepitus nocturnos atque diurnos*
> *Vis canere?...*

¿Qué diría Horacio en nuestros días? Insignificante es la inmisión de polvo que puede causarnos el vecino, en comparación con la que viene de las calles, especialmente en los pisos inferiores; poca cosa son los ruidos de un taller, en comparación con los de los carruajes en algunas arterias de las grandes ciudades; los talleres descansan de noche pero en algunas calles de circulación intensa, el paso de los tranvías no deja reposar ni siquiera en las horas nocturnas y está muy lejos de permitirnos que observemos los preceptos de una higiene escrupulosa, que exigiría tener abiertas las ventanas de la habitación y libre el acceso del aire durante el sueño. Y sin embargo, si queremos vivir en una gran ciudad y en un gran centro, tenemos que tolerar el estrépito casi ininterrumpido de la vida nocturna y diurna, de que Horacio habla, y contentarnos a lo más con algunas módicas disposiciones de policía. La vecindad de un mercado con su zumbido infinito, la de un puerto con el fragor de sus máquinas y de sus tráficos, la de un cementerio con sus imágenes tétricas, puede destruir la salud, la serenidad, la quietud y depreciar enormemente los inmuebles; y sin embargo, no solo tenemos que doblar la cabeza, sino que carecemos de remedios jurídicos para evitar que la Administración pública desplace el movimiento de un mercado o de un puerto desde un punto remoto a un punto próximo a nuestras casas, infligiendo más que un fastidio un verdadero sufrimiento a nuestro espíritu; o que transporte el cementerio de un extremo al otro en una ciudad de veraneo, ocasionando un verdadero desastre económico a los dueños de las villas y a los especuladores de los terrenos.

Trasládense ahora estas medidas y estas fatalidades, cuya tolerancia casi diría que se impone como la de una mutación producida por las fuerzas de la Naturaleza, a las perturbaciones que causen los vecinos, al ruido de un taller, y se verá todo lo absurdo que es el querer resolver con el criterio de la entidad objetiva y de la tolerabilidad normal lo que en toda hipótesis no tiene más que un límite verdaderamente lógico y verdaderamente práctico: la *necesidad general* de todo un pueblo.

10. Con frecuencia aparece en las sentencias el motivo con que razona la del Juzgado de Florencia (véase supra), esto es, la distinción entre *daño* verdadero y propio, determinado por la disminución de valor del inmueble, y *perturbación o incomodidad* simples. En la mejor de las hipótesis tal distinción es una mera tautología. Se habla de incomodidades cuando se trata de inmisiones cuya tolerancia es impuesta por el sentido de la vida y las necesidades de la coexistencia. Es imposible establecer una separación cortante entre daños e incomodidad, y en cuanto al criterio de la disminución de valor, ni es exacto como elemento para discernir entre una y otro, ni es lógico como medida de la inmisión que se ha de tolerar y la que no. Todo puede traer por consecuencia la depreciación de la casa; algunas incomodidades leves pueden hacer inadecuados para ciertos usos que exigen tranquilidad, como el trabajo intelectual, los pisos inferiores de la misma. Pero, si la necesidad impone que se toleren algunas influencias, igualmente impone que se tolere en paz de Dios la depreciación que ocasionan a los inmuebles.

11. Con razón considera la Audiencia de Parma (véase supra) que es motivo inadecuado para excluir toda razón de indemnización, la preexistencia del taller respecto del edificio construido después y que sufre sus influjos nocivos. Y sin embargo, el motivo de la existencia u ocupación anterior goza de gran favor en la doctrina más moderna y la misma Sala lo mira con indulgencia, admitiendo que pueda influir sobre la cuantía de la indemnización. Creemos que hay que negar toda eficacia a este criterio. Extendido, sin razón, a nuestro campo desde el de los conflictos de derechos, es, no obstante su apariencia correcta, ilógico e inicuo en él. No hay razón ninguna que autorice a considerar estables y a apropiarse, en cierto sentido, las condiciones externas a nuestro dominio. En la materia de los daños e incomodidades que se han de soportar o no soportar en las relaciones entre construcciones vecinas, los romanos atendieron mucho al criterio de la ocupación previa y la *prevención*; y, por así decirlo, la cronología edilicia tenía su importancia; más la tenía cuando se trataba de construcciones hechas sobre suelo público, porque entonces no estamos ya en el terreno puro de las relaciones de vecindad sino en el de las colisiones de derechos (cfr. L. 2, §§ 11, 12, 14 y 15 y siguientes, D. *ne quid in loco publico,* 43, 8). La amplia definición de daño que se da para esta hipótesis: *damnum autem pati videtur, qui commodum amittit, quod ex publico consequebatur, qualequale sit,* no se podría aplicar, en absoluto, fuera de ella. La vecindad de un establecimiento industrial a una *villa,* como en el caso sometido al juicio de la Audiencia de Parma, no es nunca agradable, con independencia de cualquier inmisión que provenga del establecimiento. A una *villa* se va para gozar del aire libre, del cielo

abierto, para fortalecerse con el espectáculo de la Naturaleza tranquila, no para excitarse con la vista penosa del trabajo humano. Por tanto, quien construye una *villa* junto a un taller ya existente, no puede decirse, ciertamente, que demuestre un buen gusto exquisito. Pero si hay inmisiones, es decir, si las hay en medida sensiblemente molesta para las personas (ya que, como dije, hay que atender a la sensibilidad fisiológica y social y no a la ciencia física y a sus sismógrafos o instrumentos de observación análogos, para determinar la existencia de la inmisión directa que, de existir, no hay por qué tolerar en medida ninguna), no hay razón alguna para apreciar diversamente el daño que de las inmisiones resulta según que la villa se haya construido con posterioridad o anterioridad; y es fuerte cosa querer encontrar en culpa a quien ha construido una *villa* en terreno suyo. Por otra parte, ha podido inducirlo a construir allí la comodidad de poseer ya aquel terreno, y aunque lo haya elegido, bastante castigo tiene con tener que soportar semejante vecindad, sin que por ello se le deba imponer que soporte además las inmisiones y el daño que de ellas resulte, en medida superior a la que se le impondría en otro caso. A lo único que hay que mirar es a que en la apreciación del resarcimiento solo se tenga en cuenta la inmisión pura y simple y no la vecindad y el taller en sí, que, naturalmente, también deprecia al inmueble, pero lo deprecia solo en relación a las condiciones externas sobre las cuales no se tiene derecho. Pues, en última instancia, ni siquiera se tiene derecho a que una *villa* sea *villa* por siempre. Puede quedar rodeada y encerrada entre nuevas edificaciones de la ciudad al extenderse esta; bien es verdad que ordinariamente los dueños de la *villa* serían los últimos en quejarse, pues si disminuye la amenidad de esta, en cambio por otras razones, aumenta su valor en venta.

12. En nuestras sentencias aparece, aquí y allá, el concepto de la *colisión de derechos,* que constituye una de las formas en que, por una cierta pereza mental e incurriendo en una fácil equivocación, se suele presentar en la doctrina el problema de las relaciones de vecindad. Pero debemos esquivar semejante confusión, si es que no queremos emplear los conceptos con doble sentido, ni correr el riesgo de transportar a una esfera distinta criterios que, sin salir de la propia, son lógicos y saludables. Hay colisión de derechos cuando diversos derechos tienen por objeto común una misma cosa, como sucede en el uso de las cosas públicas y en las variadísimas relaciones de comunidad de derechos, sea cualquiera la concepción que se tenga de la comunidad. Hay aquí conflicto verdadero: los diversos derechos chocan realmente entre sí, pues cada uno tiende a extenderse hasta el límite común, y son diversos los criterios que para resolver el conflicto hay establecidos positivamente por la ley. A veces la ley ordena que se proceda de común acuerdo; a veces deja libertad de acción a cada uno, pero concediendo la facultad preventiva del veto; a veces, como en la prenda y también en la percepción de créditos mientras no haya procedimiento de concurso, concede libertad de acción preventiva sin derecho de veto; a veces da preferencia a quien sufre un daño sobre el que pierde un lucro; a veces pone en conexión a los diversos titulares y recurre al criterio de la mayoría para dirimir el conflicto; a veces deja un amplio margen de intervención al prudente arbitrio del juez.

Pero en la materia de las relaciones de vecindad cada derecho tiene su esfera propia. Sin duda, cada uno de los titulares al desarrollar su actividad en aquella esfera, puede desbordarla y penetrar en la del vecino, pero entonces lo que hay es una invasión recíproca, no un conflicto de derechos. En qué medida deban tolerarse estas invasiones recíprocas es problema que debe resolverse con criterios lógicos, que no pueden deducirse de las diversas formas positivas con que resuelve la ley la colisión de derechos. Con todo, repito, es fácil incurrir en la confusión. Ya hemos tenido ocasión de observar que incluso autor tan grande como Ihering mezcló con nuestro tema textos romanos relativos al condominio, sin ventaja alguna para la lógica y la claridad (véase supra «Criterio fundamental», núm. 7, al final).

13. El caso sometido al examen de la Sala de Catania (véase supra) merece algunas observaciones, porque muestra lo difícil que resulta aislar nuestro tema. Y sin embargo, como todos sabemos, determinar con exactitud el ámbito de un tema, o sea, plantear el problema con nitidez y claridad, significa dar un gran paso hacia su solución. En el caso en cuestión no se trataba propiamente de relaciones de vecindad, a no ser en un sentido muy vulgar y amplio. Las inmisiones de polvo que se hacían de una terraza a otra sacudiendo alfombras y cepillando vestidos eran inmisiones *directas,* porque el demandado hacía estas operaciones dentro del espacio que avanzaba sobre la terraza vecina encaminando directamente el polvo a esta y cometiendo por tanto, una acción y una invasión directa que el vecino no está obligado a tolerar en *medida ninguna.* Incluso sin necesidad de que las alfombras fuesen sacudidas, hubiese bastado que las hubiesen extendido sobre un hierro que sobresaliera de la terraza superior, invadiendo el espacio vertical de la inferior, para que el vecino pudiese demandar, pues el espacio ese es suyo. Y aun dejando a un lado la cuestión de la extensión vertical de la propiedad, es lo cierto que no se trata de polvo que sale de la habitación propia a consecuencia de la limpieza que se haga dentro de ella, sino de polvo que desde el comienzo de la operación va a parar al fundo vecino sin causar la menor molestia en el propio.

14. Acertada es también la sentencia del Tribunal de Casación de Nápoles, 8 de julio de 1913[15], confirmando un excelente fallo de la Audiencia de Nápoles de 10 de julio de 1912 (véase supra, número 5, al final), sobre daños por vecindad industrial. Con todo, hay que examinar algunas observaciones inexactas hechas por el Tribunal de Casación a la sentencia del de Apelación. Este, para distinguir los límites del derecho propio en las relaciones entre vecinos, había adoptado como criterio la distinción entre *condiciones internas* y *externas* del inmueble perjudicado. La Casación observa que mejor hubiera sido decir intrínsecas y extrínsecas, y en esto yo no veo más que una modificación de estilo y, en mi opinión, poco afortunada, pues las palabras *intrínsecas* y *extrínsecas* tienen un colorido abstracto que no viene a cuento, y además, proyectan ambigüedad sobre el sentido de la palabra condición que, cuando va acompañado de esos adjetivos, suele indicar los requisi-

---

[15] Tribunal de Casación de Nápoles, 8 de julio de 1913, Bournique con Sociedad Ilva: «en el caso de instalación de una industria nueva se deba conciliar la coexistencia del derecho del industrial al libre ejercicio de su industria con el derecho del propietario vecino al goce pleno de su propiedad.

«Por tanto, no pudiendo admitirse, dado el actual estado de la legislación, que se haya de otorgar una primacía al interés general de la industria dentro del derecho privado, el industrial quedará obligado a indemnizar desde el momento en que la industria limite o menoscabe los derechos del propietario vecino; pero la indemnización no puede extenderse a la pérdida da las ventajas de que el propietario gozaba gratuitamente y sin un derecho propio, como por ejemplo, la amenidad de los lugares. La indemnización debe establecerse en proporción al valor actual del edificio y no debe contener otras actuaciones del derecho de propiedad que ya estaban abandonadas o que nunca se ejercieron, y en general no debe comprender los daños puramente potenciales.»

tos de un acto o de una institución jurídica. Pero, agrega la Casación, dicha fórmula hubiera quedado envuelta siempre en vaguedad e incertidumbre, y por ello, a su modo de ver, explica mejor su pensamiento la Sala de instancia al reconocer, con criterio jurídico exacto, que no se debe indemnización ninguna por la pérdida de las ventajas de que el inmueble gozaba gratuitamente, o sea, sin derecho propio, y entre las cuales estaba la amenidad del lugar. Ahora bien, el razonamiento del Tribunal Supremo es un razonamiento exactamente invertido. Cuando se habla de ventajas a que no se tiene derecho y de que se disfruta gratuitamente, no solo se queda en terreno vago e incierto, sino que no se dice realmente nada, pues de lo que se trata es de determinar qué ventajas serán aquellas a que no se tiene derecho y contra cuya disminución no se puede reclamar, ni tampoco pedir resarcimiento: en eso está toda la cuestión. Y precisamente para contestar a ella, la Audiencia había adoptado la fórmula que distingue entre las condiciones internas y las condiciones externas. Efectivamente, esta fórmula separa con corte radical las operaciones que *penetran* en la esfera de mi dominio como ruidos, exhalaciones, desprendimientos o hundimientos de mi terreno, por consecuencia de obras hechas por el vecino, y los daños que experimenta por una modificación de situaciones y elementos externos, como las construcciones, la corta de bosques, las desviaciones de cursos de agua, cosas todas que pueden quitarme luz, aire, fresco o agrado de paisaje, que pueden impedir la afluencia de agua, pero que nada substraen, ni nada agregan a aquella esfera interna de mi dominio que delimita de modo efectivo los confines de mi derecho. El daño a la salubridad del aire considerado hipotéticamente por la Sala Suprema puede ser ciertamente tomado en consideración, mas solo en el caso en que, por efecto de la industria, penetran en el ambiente atmosférico y por tanto en el fundo vecino, elementos que alteren su constitución de modo pernicioso. Finalmente cuando, siempre, de modo hipotético, la Sala de Casación declara que no hubiera podido negar la indemnización si, por la vecindad del establecimiento siderúrgico no hubiese podido seguir funcionando una vidriera existente con anterioridad, hay que observar que al admitir esto se aplica implícitamente el criterio de la ocupación previa, que está fuera de lugar en nuestro tema. Es cosa que pertenece a las eventualidades económicas, contra las cuales en general no se tiene un derecho de resarcimiento, el hecho de que una industria nueva, al nacer en un sitio determinado, pueda perjudicar a otra industria antigua; incluso podrá matarla, para aceptar la hipótesis extrema fijada por el Tribunal, o sea, obligar a los propietarios a cerrar el establecimiento. Pero de no querer crear un derecho fantástico y ahogar toda competencia industrial, no sabemos cómo podría justificarse una indemnización a los vencidos en la lucha; bien entendido, siempre que no haya habido una alteración de las condiciones internas del establecimiento viejo por inmisiones o repercusiones emanantes del nuevo.

15. No he estudiado junto con las sentencias precedentes la de la Casación de Florencia, 13 de febrero de 1913[16], sobre los daños causados por el ejercicio de la prostitución en la casa vecina. A pesar de ser una sentencia de casación, fundada, por tanto, exclusivamente sobre el derecho, carece de fundamentación jurídica. Bien es verdad que sobre el punto esencial —la resecabilidad de tal daño— parecen estar

[16] Casación de Florencia, 13 de febrero de 1913, Presidente Mazzella, ponente Cutrone: «el propietario de un edificio en que se ejercita clandestinamente la prostitución, responde lo mismo por la *culpa in committendo* cuando haya autorizado al inquilino a la práctica de la misma, que por la *culpa in omittendo* cuando no haya impedido aquella práctica».

de acuerdo las partes, y la controversia solo gira en torno a la responsabilidad del dueño que ignoraba lo hecho por el locatario. Pero lo que reclama, en cambio, nuestra atención es esa cuestión esencial. Es evidente el daño económico que sufren por tan inmunda vecindad los inmuebles adyacentes y, desde nuestro punto de vista, no hay para qué (pues de nada sirve) detenerse a demostrar que cabe responsabilidad tanto por *facere* como por *non facere*, por acto propio o ajeno, ni para qué invocar textos romanos o de carácter genérico o ajenos al tema. ¿Pero es igualmente un *daño jurídico?*. Habría que probar de cualquier manera y aunque fuera trayéndolo por los pelos, que hay alguna inmisión, que hay alguna influencia que penetra en la esfera de propiedad del vecino. Ciertamente, no es nada agradable semejante vecindad, y es aún más intolerable que la de un taller y más triste que la de un cementerio. ¿Pero podemos rebelarnos contra la vecindad pura y escueta? No tenemos derecho ninguno sobre las condiciones externas. Los motivos higiénicos que hacen deseable la conservación de ciertas condiciones externas, la misma higiene espiritual, como en el presente caso, son condiciones que deben ser atendidas y protegidas por el Estado. El Estado o el Municipio son los que deben impedir o limitar los rascacielos y ser severos con las casas de prostitución.

Sin duda, esta sentencia no da tanto que pensar por sí misma, como por la perturbación de conceptos que supone y por la eventualidad de aplicaciones analógicas. Con todo, el espíritu práctico de los jueces, con aquella inconsecuencia feliz que es la salvación de la vida, evitará el dejarse arrastrar a aplicaciones analógicas, que ni siquiera podrían tener justificación, como la tiene el presente caso, en el sentimiento (no decimos en la protección) de la ley moral (véase también supra, núm. 8, y *Criterio fundamental*, núm. 6).

16. Plenamente legitima es la interpretación extensiva del art. 574 (art. 590 del Código civil español), y plenamente la reconoce nuestra jurisprudencia. Desde luego, la disposición que contiene es de naturaleza especial, pero si este carácter impide la interpretación analógica, o sea, la aplicación del principio fuera del campo para que fue dictado (relaciones de vecindad), no excluye en cambio la interpretación extensiva: la dicción del artículo así lo corrobora, pues es manifiestamente ejemplificativa. Vibraciones, sacudidas, ruidos ensordecedores son fenómenos, no previstos por la letra, pero comprendidos en el espíritu del artículo.

La sentencia referente a dicho artículo de la Audiencia de Génova[17], es exacta en su resultado y en la apreciación de los derechos y acciones de la propiedad en relación con el ejercicio de la industria.

La defensa observaba que en el ambiente de Carrara no podía considerarse intolerable, ni superior al ordinario, el ruido que hacía la maquinaria del demandado; mas la Sala, aprobando la decisión del Tribunal de primera instancia, estimó, en cambio, que había que atemperar las exigencias de la industria con los derechos de la propiedad.

---

[17] Audiencia de Génova, 24 de mayo de 1913, Lazzerini con Andrei: «la disposición del art. 574 del Código civil (art. 590 del Código civil español) es simplemente demostrativa y por esto se aplica también al caso de vibraciones, sacudidas, ruidos ensordecedores y exhalaciones procedentes de los inmuebles vecinos.
«En tales casos la Autoridad judicial puede prescribir también la adopción da las medidas que estime eficaces para hacer tolerable la perturbación, salvo el proceder a adoptar nuevas providencias a instancia de los interesados cuando aquellas medidas resulten insuficientes.»

Y la decisión fue justa en aquel caso, ya que las molestias contra que se protestaba parece que sobrepasaban los límites acostumbrados en el ambiente mismo de Carrara, o sea, los límites de tolerancia que impone la necesidad general de la industria carrarense. Las molestias se debían principalmente a que parte de la maquinaria había sido apoyada contra el muro común, y aunque para el demandado fuese necesario apoyarla así, se trataba, no de una necesidad general, sino de una necesidad especial, que no puede ser tomada en consideración.

17. Tres sentencias (Juzgado de Roma, 27 de febrero de 1914; Audiencia de Bolonia, 13 de febrero de 1914; Casación de Florencia, 18 de mayo de 1914)[18], resuelven de nuevo sobre la expulsión de escorias o chispas de las locomotoras de ferrocarriles y sobre los daños consiguientes (véase también supra, núm. 4).

Es esta una cuestión en que las partes han mezclado a menudo los conceptos de la responsabilidad sin culpa y del riesgo inherente a la industria.

También en las sentencias que anotamos a continuación se ha visto el juez en la necesidad de restaurar la pureza de los principios, frente a las falsas razones que alegaban las partes litigantes. No creo que carezca de excepciones positivas el principio de la culpa como fundamento de la responsabilidad; cuando se habla de ficciones, de presunciones *iuris et de iure,* de *culpa in eligendo o in vigilando,* lo que se hace, en realidad, es enmascarar con esas frases una responsabilidad sin culpa. Mas es lo cierto que, fuera de los casos sancionados expresamente por el legislador, el principio general que exige la culpa resurge siempre: y creo que tal ordenamiento, a más de ser, sin duda alguna, el régimen positivo de nuestro Código, es legislativamente el mejor, pues en tesis general no se debe permitir que se apaguen el sentido de la vigilancia y el sentimiento ético de la responsabilidad propia, como sucedería tratando de igual modo al inocente y al culpable; de lo contrario, como exclamaba un célebre personaje romano en quien no alentaba el ideal del antiguo Sócrates, se hará que se prefiera ser culpable.

A pesar de ello, si en nuestro caso, en lo que respecta a la inmisión únicamente habrá de determinarse la derivación y la casualidad objetiva, en cambio, en lo

---

[18] Tribunal civil de Roma, 27 de febrero de 1914, Ferrocarriles del Estado con Vivarelli Colonna: «el derecho positivo italiano no admite responsabilidad sin culpa por daños extracontractuales, salvo los casos expresamente consignados en la ley.
La culpa no se presume y su prueba corresponde al actor.
«Aplicación al caso de incendio producido por chispas salidas de las locomotoras de los ferrocarriles».
Audiencia de Bolonia, 13 de febrero de 1914, Ferrocarriles con Pagliera» ni: «la Administración de ferrocarriles está obligada a responder de los daños causados por incendio provocado por las pavesas expulsadas por las locomotoras en marcha, aunque no haya culpa».
Tribunal de Casación de Florencia, 18 de mayo de 1914, Ferrocarriles del Estado con Spiti N. N.: «los propietarios de los bosques que existen con anterioridad a la construcción de una línea ferroviaria tienen derecho a mantenerlos a una distancia menor de cien metros con una sola limitación: la facultad de los Ferrocarriles de pedir que se arranquen las plantas mediante la correspondiente compensación. Fuera de esto, los Ferrocarriles entran en la regla general y deben responder de los daños que derivan de la *immissio in alienum* y que hubieran podido evitar con la expropiación parcial mencionada.
«La distancia prescrita para las plantaciones de terrenos forestales a lo largo de las vías férreas no se refiere a las ramificaciones que después de la corta germinan en las raíces antiguas ni a los viejos troncos del anterior bosque.»

que respecta al daño, o sea, a la aplicación del art. 1.151 (art. 1.902, Código civil español), deberá apreciarse con especial cuidado la culpa, que a menudo se podrá encontrar, aunque a primera vista parezca inexistente. No es que la Administración sea responsable en todo caso de la salida de las chispas, como de un riesgo inherente a la industria ferroviaria, pero sí que será responsable cuantas veces, en las condiciones atmosféricas ordinarias, la inmisión sea casi inevitable y el daño posible. En cambio, no será responsable la Administración cuando concurran circunstancias extraordinarias a la producción del efecto, porque entonces se entra en el campo de las fuerzas de la Naturaleza. He desenvuelto esta distinción, que en la práctica conduce en realidad a unificar la inmisión y el daño, en la *Rivista di dir. comm.* (1911, II, 218: véase supra núm. 4) y la sentencia del Juzgado de Roma se adhiere por completo a ella.

18. La sentencia del Tribunal de Savona, 28 de febrero de 1914[19], se refiere a las molestias causadas por el disparo del cañón que señalaba la hora del mediodía, y sigue aplicando el criterio de la tolerancia normal y, por así decirlo, objetiva, eliminando toda consideración a los límites de tolerancia subjetiva provenientes de las condiciones particulares y patológicas del sujeto.

Dejando aparte las dudas sobre el valor lógico del criterio dominante, en la práctica es ciertamente bueno, pues en la mayor parte de los casos y aplicaciones coincide con el criterio que yo creo exacto: el de la sensibilidad social, no física, y de la necesidad, según el cual, no hay inmisión, ni razón para reclamar cuando desde el punto de vista social no pueda decirse que hay penetración en mi fundo, y, viceversa, la inmisión debe ser tolerada, aun por encima de la medida normal, cuando corresponda a una necesidad general y absoluta. Pero me parece que en el caso presente, la medida de la tolerabilidad normal impone a los particulares un sacrificio indebido, que podría evitárseles con la medida más lógica de la necesidad pública. El disparo de un cañón en el centro de una población es un fenómeno bastante sensible y no por transitorio exento de molestias, y no parece que corresponda a una necesidad absoluta, de las que hacen pasar por cualquier molestia e imponer a las personas de constitución orgánica poco resistente la obligación de desalojar y abandonar aquellos contornos.

Bien está que se diga que, en virtud del art. 4.º de la ley de lo Contencioso-administrativo, de 20 de marzo de 1865 no se puede prohibir al Municipio la ejecución del acto, pero me parece excesivo decir que no es responsable de las consecuencias, más que cuando personas robustas y sanas experimenten algún efecto nocivo. Así que, también este caso debe hacernos meditar sobre la bondad del criterio dominante.

---

[19] Juzgado de Savona, 28 de febrero de 1914, Viglienzoni con Ayuntamiento de Savona: «la Autoridad judicial es incompetente para proveer sobre la demanda en que se pide que cese de dispararse un cañón que el Municipio ha adoptado para señalar la hora del medio día; demanda entablada por un particular que pretendía que le causaba perjuicios el disparo.
Es competente en cambio para conocer sobre la demanda de resarcimiento de los daños provenientes a las casas vecinas por dicho disparo.
«También son resarcibles los daños derivados por dicha causa a las personas, pero solo cuando la molestia del disparo exceda de los límites de la tolerancia ordinaria de las personas dotadas de una constitución normal».

19. La sentencia del Tribunal federal suizo[20] afecta a la aplicación de un Derecho extranjero. Mas estamos en una materia que puede decirse que es de Derecho común. El Tribunal federal invoca como criterio específico para determinar si los ruidos deben ser tolerados o no, el que los lugares estén dedicados a estación de cura medicinal que como tal exige quietud y reposo, especialmente durante la noche. Parecería corresponder este criterio al concepto que yo sostengo: el de la necesidad, aunque sea limitada a una región, como fundamento de la obligación de tolerar; pero la relación está invertida en el caso concreto. No se trata de imponer la tolerancia de inmisiones o influjos que provengan de los fondos destinados a lugares de cura, porque represente una industria general de la región aquel destino, sino de impedir, a favor de ellos, influjos e inmisiones por parte de los fundos colindantes. Ahora bien, ¿será lícita tal limitación, aun en el caso en que los vecinos se mantengan dentro de aquella medida, que en cualquier otro caso debiera ser tolerada? No lo creo: es lógico que una industria necesaria y general pueda imponer una tolerancia general y necesaria, que normalmente será también recíproca; pero es realmente excesivo que, sin limitaciones de derecho positivo, pueda restringir los derechos de los ciudadanos de tal suerte, que estos no puedan hacer lo que en cualquier otro caso podrían emprender con toda libertad.

La decisión del Tribunal es, por lo demás, justa en el caso concreto, pero por un motivo diverso, que de nuevo manifiesta cómo no siempre responde bien el criterio del uso normal; y es que las molestias sufridas (graznidos de animales que turbaban el reposo nocturno y obligaban a los huéspedes a abandonar el hotel), no había por qué tolerarlas en ningún caso, y se hubiera podido prescindir de que los lugares estuvieran destinados a estaciones de cura, así como de las condiciones patológicas de los huéspedes. Los animales de corral ruidosos y molestos se tienen como una industria, y las molestias que derivan de toda industria no tienen por qué ser toleradas, sino en aquella medida en que representan una necesidad general.

20. La sentencia del Tribunal de Milán, 14 de julio de 1914[21], ofrece un complicado caso mezcla de relaciones obligatorias y relaciones de vecindad. Pero son dos

---

[20] Tribunal Federal suizo, 5 de febrero de 1914, Ziltener con Hongger: «El propietario de un fundo puede hacer que cesen las inmisiones nocivas provenientes de un fundo vecino, teniendo acción no solo contra el propietario de este, sino también directamente contra el arrendatario del mismo.

»La tolerabilidad del exceso perjudicial en el ejercicio del derecho de propiedad debe ser apreciada en base a la situación y destino de los fundos y a los usos locales.

»En el caso en cuestión, es ruido intolerable para el reposo nocturno de los huéspedes de un hotel de un lugar de salud los graznidos de los pavos o el cacareo de gallinas en el corral de un hotel vecino.»

[21] Juzgado de Milán, 14 de julio de 1914, Costa con Canesi y Sociedad de celdas refrigerantes Vismara: «el arrendador que alquila los bajos de una casa para «garaje» de automóviles, imposibilitando la tranquilidad normal y el reposo conveniente de los inquilinos de la misma, contraviene la obligación contraída de mantenerla para el uso de vivienda.

Cuando las molestias de hecho causadas por un tercero dependen de las condiciones de ambiente en que se encuentra la casa arrendada, constituyen verdaderos y propios vicios de la casa, de los cuales debe responder el arrendador.

Esté obligado al resarcimiento de daños el vecino que ha dedicado su inmueble a un destino perjudicial para las propiedades confinantes.

Esto es, aun en el caso de que ejercite la industria conforme a las prescripciones reglamentarias y de que los inconvenientes producidos sean consecuencia necesaria de la industria misma.

reclamaciones de muy distinto carácter y no debieran mezclarse una con otra. Por lo que concierne a la relación obligatoria, o sea, a la garantía del goce pacífico de la cosa arrendada conforme a su destino, a los usos y a las convenciones acordadas entre las partes, no tenemos más que una aplicación de los principios generales compendiados en el art. 1.124 de nuestro Código civil (art. 1.258 del Código civil español). Cuando los locales alquilados no estaban en condiciones para servir de vivienda por razón de la ruidosa vecindad, si el propietario había silenciado esa situación, responderá por incumplimiento, ya provengan los rumores y los olores pestilentes de actos suyos, ya de actos ajenos. Pero si el inquilino reclama fundándose en las relaciones de vecindad, puede demandar con independencia, lo mismo contra el propietario arrendador del edificio que alquila los locales inferiores para «garajes» de automóviles, que contra el gestor del establecimiento vecino de que proviene la otra fuente de los ruidos, que contra el propietario del inmueble en que está dicho establecimiento. En uno y otro caso el criterio adoptado por nosotros da la razón a las pretensiones del inquilino, sea contra el propietario arrendador o sea contra el vecino, pues una industria cualquiera no puede imponer como necesidad absoluta y general la tolerancia de las inmisiones que de ella provienen, a no ser que la misma industria sea general y esencial en una región determinada.

21. La sentencia de la Audiencia de Brescia, 17 de marzo de 1914[22], relativa al daño económico que resulta para el edificio de la vecindad de un depósito de explosivos, por razón de los temores no infundados que inspira tal vecindad, da tema de meditación más de *iure condendo* que de *iure condito*.

En el caso en cuestión no hay inmisión ni daño resarcible. Nada penetra en mi fundo, ni la substancia de él se altera en manera alguna. Estamos ante una de aquellas condiciones, que yo designo con el nombre de *externas*, respecto de las cuales no se tiene derecho ni a la conservación, ni a la remoción, pues están fuera de la esfera de mi dominio; y cuando se hayan obedecido los Reglamentos y observado todas las prescripciones de la autoridad, cuando no se incurra en los términos del art. 574 (art. 590 del Código civil español), el vecino no tendrá derecho a promover demanda. Solo cabe preguntarse si habrá un derecho a garantizarse por el daño temido y también sí, verificado el daño, se presumirá la culpa. Ambas cosas hay que negarlas en el Derecho moderno. Las presunciones de culpa están determinadas de modo expreso y el caso en cuestión no está comprendido entre ellas. En cuanto al daño temido, difícilmente se podría hacer entrar el caso en los términos del art. 699, y la caución ordenada por este artículo es bien poca cosa, reduciéndose a ser una de las garantías habituales contra la insolvencia del vecino. Muy diversa era la situación de las cosas en el Derecho romano en que, efectivamente, la *cantio damni infecti* sancionaba una responsabilidad sin culpa en las relaciones de vecindad, no refiriéndose únicamente a la figura tradicional y escolástica del edificio que amenaza ruina, sino a toda actividad ejercitada legítimamente, lo mismo en el fundo propio *(facere in suo)*, que en el fundo ajeno *(facere in alieno)*, que en el suelo público (*facere in publico*).

«La Autoridad judicial no puede prohibir al vecino el ejercicio de una industria que él practique amoldándose a los Reglamentos; solo puede condenarle al resarcimiento de los daños sufridos por las propiedades colindantes.»

22 Audiencia de Brescia, 17 de marzo de 1914, Chesi, con Polver: «no está obligado a resarcir al propietario del fundo vecino por la disminución de atractivos que sufre el inmueble de este, el propietario que establece un depósito de explosivos sujetándose a las disposiciones reglamentarias».

La institución de la caución de daño futuro ha sido alterada de tal modo, que de su modelo romano solo le queda el nombre. Pero aún más grave que la alteración es la mutilación que ha sufrido. La economía romana, incluso la de la época imperial, representa, evidentemente, una fase más arcaica de desarrollo que la de la economía moderna de la gran industria a partir del siglo XIX, que cede ahora el paso a la super-gran-industria. Pero hay el deber de reconocer que a veces nuestros Códigos se han quedado atrás en relación con la fase que representa el Derecho romano.

22. La materia de las relaciones de vecindad es una de aquellas en que la jurisprudencia, salvo leves oscilaciones, ha seguido normalmente el camino recto, manteniéndose alejada de las aberraciones de la doctrina o, al menos, de las más extremadas; y he de decir con satisfacción que la misma argumentación y fundamentación de sus fallos va tomando últimamente el sello de una lógica jurídica segura y severa; mientras que hay todavía representantes de la doctrina que por no variar continúa disparatando. En un trabajo especial he fijado un principio, luego desarrollado en diversas notas, que me parece de lógica evidencia, que es también bastante sencillo de apreciar y que va penetrando ya en la jurisprudencia. Es premisa esencial, inherente a la estructura de la propiedad, no a la indagación de las relaciones de vecindad, que el derecho de cada propietario se extiende hasta los confines de su fundo, que el propietario es dueño y señor dentro de su esfera interna, mas no tiene derecho ninguno a lo que yo llamo *condiciones externas*, a la esfera externa en general. Ciertamente, el orden jurídico, al tener en cuenta las necesidades sociales, si de una parte establece limitaciones al derecho del propietario en su esfera interna, en beneficio de los vecinos y de los extraños en general, reconociendo excepcionalmente a estos facultades sobre el fundo de aquel, de otra concede, a veces, al propietario la facultad de irradiar más allá de su fundo o de prohibir lo que acontece más allá de sus linderos. Pero, salvo estas excepciones, el principio es de una gran simplicidad lógica: el propietario no está obligado a tolerar ninguna inmisión interna, y, viceversa, no tiene derecho a ejercitar ninguna invasión o irradiación externa.

En este punto y no antes, comienza el problema de las relaciones de vecindad. La vida social sería imposible dentro de mallas tan rígidas. En sus términos esenciales mi solución es la siguiente: el propietario ha de tolerar las inmisiones que son obra de la Naturaleza o de verdadera necesidad, esto es, de necesidad absoluta y general que se equipara a la Naturaleza; recíprocamente, el propietario puede irradiar su actividad más allá de su esfera interna, siempre que ello dependa o de las fuerzas naturales que actúan en su fundo (es decir, cuando propiamente no se trata de una actividad suya), o de las leyes de la necesidad.

La sentencia de la Audiencia de Florencia, 29 de diciembre de 1914[23], versa sobre la infiltración de agua de mar que ha contaminado los pozos del fundo contiguo. La infiltración se debía a las operaciones de la Sociedad Altos Hornos de Piombino establecimiento industrial.

---

[23] Audiencia de Florencia, 29 de diciembre de 1914, Sociedad Altos Hornos de Piombino con La Magona: «el propietario de un establecimiento industrial está obligado a indemnizar al establecimiento contiguo los daños derivantes de la infiltración del agua del mar que el establecimiento primero extrae en grandes cantidades para atender a las necesidades de su industria.

«No le exime de esa responsabilidad la circunstancia de haberse atenido a las normas reglamentarias de la Autoridad administrativa en la implantación de su industria.»

Según parece, la defensa de la Sociedad había puesto en movimiento todas las armas, viejas y nuevas, de la doctrina relativa a las relaciones de vecindad: no hay *intento emulativo*; no hay *culpa* por parte de la Sociedad, que se ha atenido rigurosamente a las normas reglamentarias de la autoridad administrativa; dado el ambiente industrial en que el establecimiento está, se trata de un *uso normal*; finalmente, son las *necesidades* de la industria misma las que exigen la extracción del agua salada. El daño que experimenta el fundo vecino en sus pozos es un daño fatal, equiparable al que deriva de la depreciación por substracción de luz, aire o vistas. Con acierto pone la Sala de relieve la neta separación entre esfera interna y esfera externa. Esa observación bastaría para eliminar la aplicación de los dos criterios invocados en primer término; pues aunque no fuesen conceptos erróneos los de la culpa y la intención emulativa, porque quien actúa en la esfera de su derecho puede rechazar cualquier investigación sobre las intenciones con que lo ejercita, en el caso en cuestión no vienen a cuento, pues no se trata de una actividad ejercitada en la esfera interna, en el ámbito del derecho propio, es decir, dentro de los confines del fundo propio, sino de una actividad que se extiende hacia afuera y que, por tanto, en principio es ilícita, haya o deje de haber culpa o intención maligna. En cuanto al criterio del uso normal, es un criterio práctico que en la mayor parte de los casos suministra soluciones justas. Mas no es un criterio lógico y por ello resulta insidioso en ocasiones; una de ellas, precisamente, el caso que estamos tratando. En la vida ordinaria corresponde al uso normal, en general, una tolerabilidad normal; en cambio en la industria, sobre todo en la gran industria, pueden ser normales algunos usos que causen molestias tan exorbitantes que hagan intolerable la vecindad a los que vivan en ella. El último criterio que se invoca tiene la apariencia de coincidir con nuestro concepto; pero la necesidad que no lo es de todo el pueblo, sino de una industria especial o de un determinado cultivo, no es necesidad verdadera.

23. La sentencia de la Casación de Florencia, 18 de mayo de 1914[24], contempla de nuevo el caso de chispas salidas de una locomotora con incendio de los bosques contiguos. Hemos considerado con anterioridad casos semejantes y hemos determinado el criterio que creemos debe regularlos (véase supra, núms. 4 y 17). En mi opinión, el vecino debe soportar las consecuencias que provienen de modo absoluto de un acontecimiento natural; debe resignarse, por tanto, con el daño cuando haya sido un viento impetuoso y subitáneo el que haya arrastrado la chispa al fundo vecino; pero no estará obligado a soportarlo cuando, incluso en las condiciones atmosféricas ordinarias y, en sus alteraciones normales y previsi-

---

[24] Sala Suprema de Florencia, 18 de mayo de 1914, Ferrocarriles del Estado con Spiti: «el caso fortuito se concreta en un fenómeno enteramente accidental e independiente de toda voluntad y previsión.

La inmisión *in alienum* constituye lesión del derecho ajeno, culpa aquiliana.

Los propietarios de los bosques preexistentes a la apertura de la línea férrea tienen derecho a conservarlos a distancia de menos de cien metros, salvo la facultad de los ferrocarriles de pedir su corta mediante la compensación adecuada.

Pero si los ferrocarriles no utilizan esta facultad y escapan chispas de la locomotora quo incendian el bosque, los Ferrocarriles son culpables y quedan obligados a indemnizar.

Hay subrogación de plantas, setos, bosques, a los efectos del art. 73 de la ley de Obras públicas, cuando tiene lugar el acto positivo, humano de sembrar o trasplantar.

«Por lo tanto, el derecho de subrogación establecido en aquel artículo no se aplica al caso de árbol nacido de una semilla caída naturalmente de los troncos respetados en las talas periódicas».

bles, vayan a parar chispas al fundo de vez en cuando, porque aquí entra en juego directamente el factor humano.

Una alteración natural de carácter extraordinario puede arrastrar al fundo vecino o a la vía pública, que es igual, el humo y las llamas de mi chimenea, las tejas o cualquier trozo que arranque, pero yo no soy responsable de cualquier daño que pueda sobrevenir.

24. La sentencia de Casación de Turín, 18 de febrero de 1915[25], versa sobre un caso más delicado: depreciación de un fundo por la vecindad de un depósito de explosivos, ante el temor que suscita la posibilidad de explosiones, con los consiguientes efectos desastrosos. La Sala ha negado con acierto todo derecho a la indemnización, siempre que el propietario de la instalación se haya atenido debidamente a las prescripciones del art. 574 (art. 590, Código civil español). A primera vista, esto parece estar en contradicción con la idea que hemos sostenido reiteradamente de que la responsabilidad por inmisión y por daños no queda eliminada simplemente con la obediencia a las prescripciones de la autoridad (en cuyo número puede entrar la obediencia a las prescripciones impuestas por la autoridad judicial a tenor del art. 574) (art. 590 del Código civil español).

Pero es que aquí no se trata ni de inmisión, ni de daño jurídico: la depreciación proviene de condiciones externas que hacen que sea poco tranquilizador vivir en la casa contigua, especialmente para los espíritus impresionables, como suele decirse; mas no hay invasión ninguna en la esfera interna, que es la verdadera esfera de mi dominio (véase también supra, núm. 21).

25. La mezcla de las puras relaciones de vecindad con las relaciones de comunidad y la de la responsabilidad por invasión en lo ajeno con la responsabilidad naciente de relaciones obligatorias, pueden provocar una serie de complicaciones en lo concerniente a las primeramente dichas, a las relaciones de vecindad.

La sentencia del Juzgado de Avellino, 7 de enero de 1915[26], contempla precisamente un caso de relaciones de comunidad. La cuestión queda desvirtuada por el hecho de que realmente el concepto de inmisión en lo ajeno desaparece en las relaciones con la cosa común ya que cada uno de los titulares es igualmente propietario de la misma. En el condominio se aplica rectamente el criterio del uso normal, concepto ilógico en las relaciones de vecindad propiamente dichas, pero que está en su verdadero puesto en las de condominio, precisamente porque a ningún condueño se le puede denegar el ejercicio de su derecho en la forma que sea, debiéndose atender tan solo a que el ejercicio de cada cual no exceda de aquellos límites que hagan posible un igual ejercicio del derecho por parte de los otros condueños. La célebre L. 19, D. 8, 2, invocada tantas veces como el más bello enunciado y el más claro reconocimiento del principio del uso normal, se refiere precisamente a un muro común. El fallo del Tribunal de Avellino niega la prescripción de treinta

[25] Sala de Casación de Turín, 18 de febrero de 1915, Polver con Chesi: «el titular de una concesión reglamentaria para tener un depósito de explosivos no está obligado al resarcimiento de daños respecto del vecino por la depreciación que sufre el solar de este».

[26] Juzgado de Avellino, 7 de enero de 1915, Ruotolo con Tolaro: «para regular la incisión de humo a través de un orificio, inmisión que causa daño al propietario de la ventana superior, se aplican las normas concernientes al condominio y no las relativas a las servidumbres, aunque el orificio haya sido practicado hace más de treinta años».

años, y, en general, la aplicación de la disciplina de las servidumbres para regular la inmisión de humo a través de un agujero abierto en el muro común. La negativa es justa porque la cosa objeto del condominio es cosa propia de cada condueño, y no se puede tener servidumbre sobre la cosa propia. Efectivamente el famoso principio *nulli res sua servit* lo formulan los romanos por si podía quedar alguna duda, refiriéndose precisamente a la materia del condominio (L. 26, D., 8, 2).

26. La sentencia de la Sala de Apelación de Milán, 16 de febrero de 1915 y la de la de Casación de Turín, 19 de diciembre de 1914[27], versan sobre inmisiones y molestias diversas, experimentadas en un inmueble alquilado: de una parte, penetración de polvillo nocivo y en general de ruidos y polvo; de otra parte, la vista desagradable de la ropa blanca puesta a secar por los otros inquilinos y las molestias causadas por el subarriendo de camas para pasar la noche a que se dedicaba uno de los inquilinos. Precisa anticipar ciertas distinciones. En las relaciones con el propietario arrendador toda molestia puede dar derecho a demanda, siempre que pueda considerarse comprendida en los términos del contrato; y desde luego, si la casa se había alquilado en un barrio distinguido para usarla como vivienda, las molestias provenientes de los hábitos plebeyos de los vecinos pueden dar lugar a acción contra el propietario arrendador. Mas para poderse dirigir contra el vecino es preciso que haya sido invadida o lesionada nuestra esfera interna (véase también núm. 20).

27. La separación de la esfera interna y externa aplicada por varios Tribunales (véase también la sentencia de la Audiencia de Florencia, 29 de diciembre de 1914), la encuentro impugnada en una breve nota en el «Foro veneto», con la firma C., a la sentencia de Casación de Florencia, 28 de diciembre de 1914[28]. Se trataba de la

---

[27] Audiencia de Milán, 16 de febrero de 1915, Clerici con Perego: el propietario de un establecimiento que causa daño al fundo vecino con inmisión de polvillo nocivo, está obligado al resarcimiento, aunque ignorase las propiedades nocivas de las emanaciones de su establecimiento.

Quien sufre lesión ilegítimo por un acto ajeno está obligado, por su parte, a proceder con la diligencia normal para limitar los efectos perjudiciales que pudieran derivar de aquella. «El arrendatario de un fundo que experimenta daños por inmisiones provenientes del fundo vecino, tiene acción directa y propia para demandar, a más de la indemnización, que cese la causa del daño».

Casación de Turín, 19 de diciembre de 1914, Pellegrini contra Mayorca: el arrendatario de un cuarto en una casa que hay que considerar como casa de vivienda por estar situada en una calle elegante y por el alto precio del alquiler, tiene derecho al disfrute del cuarto en cuestión y no solo a un disfrute material, sino a un disfrute conforme al decoro y a las costumbres civilizadas.

Constituyen perturbaciones del goce pacífico de una casa destinada a vivienda:

a) La vista de la ropa blanca de los otros inquilinos puesta a secar a cualquier hora del día sobre las barandillas adyacentes a la escalera;

b) El ruido y el polvo de la limpieza de alfombras hecha por los otros inquilinos a horas no permitidas por el Reglamento municipal;

c) El subarriendo de camas practicado, noche por noche, por uno d» los inquilinos. El arrendador responde en los términos del art. 1.575, número 3.°, Código civil (núm. 3.°, art. 1.554 del Código civil español) de las perturbaciones ocasionadas a un inquilino por otro inquilino en virtud de los derechos conferidos a este último en el contrato pactado con él por el arrendador común.»

[28] Sala de Casación de Florencia, 28 de diciembre de 1914, Marinoni contra Ayuntamiento de Vicenza: «El propietario de un fundo en cuya proximidad se construye un lazareto públi-

depreciación sufrida por haber perdido la amenidad del paisaje y por la vecindad y las vistas lúgubres exteriores al fundo en cuestión. El anotador observa: «no discuto que esta distinción responda al régimen de las relaciones de vecindad en Derecho romano: pero queda por demostrar, a pesar de la autoridad de B. y de la Casación de Florencia, el que deba adoptarse también en el derecho italiano. En especial, en la sentencia que anoto, la Sala hace afirmaciones dogmáticas más bien que razonamientos». Ahora bien, la distinción entre esfera interna y externa no es en verdad un criterio regulador de las relaciones de vecindad, sino una noción elemental que debe ser tomada como punto de partida, tanto en el Derecho romano, como en el Derecho civil, como en cualquier derecho que reconozca la propiedad individual. El anotador, que a continuación enuncia algunas frases un tanto ingenuas sobre el modo de plantear la cuestión, no tiene una visión clara del verdadero problema que el tema presente entraña, ni en Derecho romano ni en Derecho civil.

La Casación, como los Tribunales en general, razona con brevedad y lucidez. En una forma o en otra, en casi todas las sentencias que anoto podrá encontrarse el principio de que cada cual puede demandar por invasión en su fundo, pero que no se puede invadir la esfera ajena o impedir o limitar el ejercicio de una actividad en el fundo ajeno mientras esa actividad no penetre en mi fundo, a no ser *en base a limitaciones positivas que solo la ley puede introducir.*

No merece, pues el, Supremo Tribunal la acusación que se le dirige. Por el contrario, es el anotador el que trata de suplantar principios claros y simples con puras afirmaciones dogmáticas.

No está de más reproducir íntegramente la exposición que hace: «faltando una norma expresa legal, la cuestión deberá resolverse con la analogía, y precisamente con la *analogía iuris,* o sea, con los principios generales del derecho. Ahora bien, estos principios, como todos saben, no son los principios puros del Derecho romano. Desde la época romana hasta la nuestra la concepción del derecho de propiedad ha sufrido una transformación profunda o por lo menos un desplazamiento notable; hay una serie de facultades que el derecho positivo ya no concede al propietario, por razón de las diversas condiciones sociales. El derecho de propiedad se aleja cada vez más del *ius abutendi.* ¿Por qué esta transformación no habrá de haber influido también sobre las relaciones de vecindad? He aquí como, a mi parecer, hubiera debido plantearse la cuestión. Es un hecho que la moderna evolución del orden jurídico conduce, por razón de la creciente solidaridad o cohesión social, a una limitación cada vez mayor de los derechos reales. Si se tiene en cuenta ese espíritu de nuestra legislación bien podrá ser que la distinción entre condiciones externas e internas del dominio resulte *irrazonable* o al menos *superada*».

---

co, sin que aquel haya sufrido expropiación ninguna, puede exigir, si se dan los supuestos precisos, resarcimiento de daños en base al derecho común, pero no en base a la ley de expropiación por utilidad pública.

Son desmesuradas y por tanto ilícitas la inmisión y la propagación de substancias de un fundo a otro cuando actúen e influyan de modo directo sobre la esfera interna del dominio ajeno: por ello no es resarcible la pérdida de las condiciones externas de la propiedad, sino únicamente la pérdida, modificación o alteración de las condiciones internas.

«Por esto no da derecho a indemnización la depreciación de un inmueble que sea consecuencia de la pérdida de amenidad del paisaje o la que sea consecuencia de la pérdida de las ventajas que presentara el suele para la edificación o de las facilidades de comunicación, o la resultante de la vecindad o de la vista de un cementerio, de un hospital o de otro cualquier edificio lúgubre».

Razonemos brevemente para restablecer ante este relumbrar de frases vanas y vagas de un cerebro más rico de fantasía que de reflexión, la verdad de los conceptos. Los principios supremos de la propiedad son los mismos en el Derecho romano y en el Derecho civil, pues también nosotros reconocemos la propiedad individual, con sus confines claros y seguros. El sistema de las servidumbres y el sistema de las limitaciones del dominio muestran que es una misma la posición del propietario: si quiere invadir, irradiar hacia fuera debe tener autorización expresa de la ley o si no, ponerse de acuerdo con el vecino. Hay, si se quiere, una serie de facultades que el derecho positivo no concede ya (la expresión es poco afortunada; más valdría decir: en que establece límites) al propietario, por razón de las nuevas condiciones sociales. En cambio, de otra parte, había limitaciones en Derecho romano que no existen hoy en nuestro derecho, y en algunos casos, como en el régimen de caución de daño futuro, hay que decirlo, el Derecho romano disciplinaba las relaciones entre fundos vecinos con un criterio más social y más práctico que nuestro legislador.

Mas todo ello afecta a la disciplina excepcional de las limitaciones. El concepto, o sea, la ordenación general de la propiedad, ni se ha transformado, ni se ha desplazado. Se dice que el *ius abuten* (frase imprudente de los doctores, que en las fuentes jurídicas, hay que recordarlo, no tiene más alcance del que tenga en los Códigos modernos) ha disminuido en el Derecho moderno, se dice que «la creciente solidaridad o cohesión social» ha producido en el Derecho moderno una «limitación mayor de los derechos reales». Yo, que conozco algo de los dos derechos, especialmente en este punto, no me atrevería a afirmarlo con igual seguridad, al menos por lo que respecta al Derecho justinianeo, impregnado en nuestra materia de consideraciones sociales y humanas y contenedor de limitaciones extrañas incluso para nosotros. Por otra parte, hay que tener presente que tanto en el Derecho justinianeo como en el derecho clásico había un número grandísimo de limitaciones sancionadas en los derechos o en las costumbres regionales y en los estatutos de los Municipios, a que se concedía una autonomía absolutamente desconocida y sorprendente para los modernos. De todos modos se trata de una cuestión irrelevante porque, sea rico o pobre el régimen de las limitaciones siempre se trata de una disciplina excepcional y positiva.

Podrá la ley prohibir que se dé muerte al esclavo propio con el motivo conocidísimo de que el interés del Estado exige que nadie abuse de su cosa; mas negar con carácter de principio, o sea, refiriéndose a todo objeto, cualquiera que sea que el iracundo o el necio pueden destruir libremente la cosa propia o valerse de ella en forma antisocial, es negar la luz del día. El legislador moderno, lo mismo que el legislador romano, ha tenido fe en la libertad, en la coincidencia del interés individual y social, en las armonías económicas; más aún, el Código francés y el nuestro han nacido en una época en que estos conceptos, que para los romanos de la era clásica eran meras tendencias prácticas, habían conquistado el más hermoso equilibrio teórico y corrían triunfalmente por toda Europa. Quesnay y Adam Smith han sido los verdaderos, los grandes propulsores de la resurrección substancial del Derecho romano en la vida económica y social del siglo XIX.

Por lo tanto, siendo idéntica la ordenación general de la propiedad en el Derecho romano y en el nuestro, y no habiendo sido abolido todavía el régimen de la propiedad individual, el problema de las relaciones de vecindad se plantea en iguales términos en los dos; así como se plantea en iguales términos el problema de la extensión de la propiedad por encima y por bajo del suelo, es decir, en aquellas direcciones en que no existen confines netos. Afirmar, pues, que la distinción elemental y preliminar entre condiciones externas e internas del dominio es *irrazonable* o está superada, es lanzar una aserción irrazonable de veras, hasta dejar estupefacto.

Por otra parte, no es esa la cuestión; de lo que se trata precisamente es de establecer hasta qué punto, a pesar de los confines de la propiedad, se podrá irradiar al exterior, a la esfera externa a que no se tiene derecho, y hasta qué punto, recíprocamente, se hayan de tolerar influjos extranjeros hacia adentro, a pesar del respeto debido a la esfera interna y sobrepasando las limitaciones positivas que conceden el ejercicio de facultades sobre el fundo ajeno. No he de repetir aquí cómo he encontrado solución al problema, fundándome en un principio general del derecho, como lo es el de la necesidad verdadera y absoluta.

El anotador citado no toma en cuenta este concepto, sino que invoca en términos bastante vagos, la *analogía iuris*. ¿Sobre qué base? ¿Quiere acaso ampliar mediante la analogía la esfera de las limitaciones del dominio? Toda limitación es una norma positiva excepcional; se podrá aplicar la interpretación extensiva, mas no la analogía.

¿Quiere acaso construir mediante la analogía y saliéndose de la propiedad, un límite general para todo derecho? ¿No cree que la necesidad es suficiente límite? ¿Y qué otro límite general pretende construir? *Nimis urgeo*; en realidad a un problema a que muchos han dedicado vigilias de pensamiento, el anotador se ha acercado con frases hechas y con un lenguaje un tanto atrevido. Es lo cierto, que fuera de la necesidad no se puede construir otro límite general y que, en mi opinión, no debe tampoco crearlo el legislador, en homenaje a los principios de libertad y de sana economía. Es lo cierto, que las limitaciones fijadas no son susceptibles, lo repito, de analogía, y que este sí que es, verdaderamente, un campo en que la laguna legislativa es aparente, es decir, en que no debe *establecerse un límite* a la acción privada mediante la analogía, sino reconocer *la libertad del agente* porque así lo quiere el legislador.

Una depreciación de mi fundo que proceda de obras que el vecino hace en el suyo, sin invadir en lo más mínimo, no con inmisiones, ni con operaciones mi propiedad y, digamos también, sin alterar en lo más mínimo las condiciones internas de mi fundo, es una depreciación que no proviene de causa antijurídica, de acto lesivo de mi derecho y que debe ser soportada *aequo animo* por el perjudicado. Que yo sepa, nuestra ley no establece limitación ninguna para garantizar la amenidad o el agrado del paisaje como la que establecía en la época postclásica esa ley romana, que el anotador considera más vacía que la nuestra de espíritu social, para asegurar la vista del mar o de los montes. Pero aun dado el caso de que hubiera leyes que establecieran limitaciones semejantes, no podrían extenderse «más allá de los casos y tiempos expresados en ellas» (art. 4.°, disposiciones preliminares del Código civil) por tratarse de leyes restrictivas del libre ejercicio de los derechos, de leyes de excepción. No podría aplicarse a los asilos para los ciegos y los mutilados de la guerra, un precepto relativo a las casas de lenocinio, por mucho que sufran con ambos espectáculos la vista y el espíritu, y por más que la misma depreciación pueda causarle a mi fundo una vecindad dolorosa que una vecindad vergonzosa.

28. Otro anotador, que por una singular coincidencia firma también con una C. las pocas líneas que dedica a la cuestión en la *Temi lombarda* (VIII, 322, núm. 2) se expresa con cierta imprudencia sobre el requisito de la culpa.

La Audiencia de Milán, en la sentencia de 16 de febrero de 1915 (véase supra), ha formulado de modo incidental y sin fundamentar su decisión, el principio de que quien sufre lesión injusta por un acto ajeno está obligado, por su parte, a proceder con la diligencia normal para poner un dique a los efectos dañosos que podrían resultarle de aquella. En el caso concreto: el propietario del fundo en que penetraban substancias nocivas para los bueyes» no debe seguir alimentando a los animales con aquella hierba inficionada, desde el momento en que haya descubierto las propiedades venenosas de las substancias; de lo contrario será él el que tendrá que soportar ese daño mayor, que él mismo hubiera podido evitar. El anotador impugna este principio. En su opinión no es lícito crear un caso de culpa a cargo de aquel que al sufrir un perjuicio se mantiene inactivo y no emprende nada para anular o disminuir las consecuencias de la culpa ajena. Para que haya culpa, dice, es necesario que tenga lugar un hecho ilícito jurídicamente, es decir, un hecho que no siendo consecuencia del ejercicio legítimo de un derecho, lesione el derecho ajeno. Ahora bien (pregunta él) ¿qué precepto legal, ni qué principio general del derecho eleva al carácter de culpable el hecho del perjudicado que no actúa para disminuir a favor del agente del daño las consecuencias del hecho dañoso?

Es notable que un anotador tenga tan amplio criterio en materia de relaciones de vecindad y otro, en cambio, lo tenga tan riguroso en materia de culpa. El mismo impulso sentimental que lleva a crear límites y responsabilidades a cargo del vecino que, dentro de los confines de su fundo, ejercita una actividad que provoca depreciación del mío, debería llevar a la repulsa de la conducta deshonesta de quien, con acciones o con omisiones culposas, acrece, acaso desmesuradamente, el daño propio para agravar la responsabilidad del vecino. Pero quizá el anotador de la *Temi lombarda* ha sentido el temor de ceder a un impulso sentimental. Sin embargo, en realidad no hay que recurrir al dudoso aforisma *malitiis non est indulgendum*; los principios jurídicos positivos nos dan la solución. No es muy exacto decir que para que haya culpa se necesita un acto jurídicamente ilícito; el hecho jurídicamente ilícito es necesario para que haya verdadero daño, esto es, daño jurídico, o sea, para que exista *el otro elemento* del acto ilícito. Quien realiza conscientemente una acción o una omisión sobre su propio fundo incurre en culpa y no puede ser indemnizado porque *qui sua culpa damnum sentit, damnum sentire non videtur.* Es irrelevante que la acción o la omisión sobrevengan para agravar el daño ya producido por otro; este *plus* de daño es un daño que se sufre por propia culpa.

Los juristas romanos confirman ampliamente estos conceptos. Nadie siente menos que yo el fetichismo de los principios romanos; a menudo he demostrado la mutación del espíritu de nuestras instituciones concretas y que por ello no se puede recurrir para explicarlas a los principios, o al menos a ciertos principios, fundamentales del Derecho romano. Pero precisamente en materia de propiedad y de relaciones de vecindad, y en materia de culpa, los principios generales del derecho, a que tendríamos que recurrir, aun sin el art. 3.° de las disposiciones preliminares (cfr., art. 6.°, Código civil español) nos llevan al Derecho romano.

De igual modo que no es resarcible el daño en aquella parte en que queda compensado por la ventaja que el mismo acto lesivo causa al perjudicado, así tampoco hay obligación de resarcirlo cuando fuera evitable, es decir, cuando haya concurrido a producirlo la culpa *in faciendo o in non faciendo* del perjudicado. Este principio se aplica también al daño extra-contractual, no obstante el carácter de pena que tiene ese resarcimiento en el Derecho romano, por donde entramos en parte en el terreno del actual Derecho penal.

Un esclavo es herido al atravesar un campo de tiro durante el ejercicio. No hay responsabilidad aquiliana, *quia non debebat per campum iaculatorium iter intempestive facere* (L. 9, § 4, D., 9, 2). Un barbero se sitúa en un lugar donde se juega a la pelota y un esclavo se pone en su manos; si el esclavo resulta herido no se puede culpar a los jugadores sino al barbero, y hasta se puede eliminar la responsabilidad de este, atendiendo a la culpa del esclavo, que a pesar del sitio se ha puesto en manos de aquel (L. 11, pr. *eod.*). Se ha herido a un esclavo, pero su muerte ha tenido lugar, más que por las heridas, por la negligencia del patrono, por la omisión de curas; en tal caso no se hace responsable de la muerte a quien le hirió (L. 30, § 4; L. 52, pr. *h. t.*).

Abiertas unas fosas para coger osos y ciervos, en vez de ellos han caído objetos de los transeúntes que se han estropeado. Si quien había hecho las fosas las había construido, aunque no lejos de los caminos ordinarios, en sitio en donde dichas fosas se solían hacer, o bien ha dado aviso de suerte que el pasante pudiese enterarse del peligro y prevenirse, no estará obligado a responder por la ley Aquilia; *et multa huiusmodi deprehenduntur*, termina Paulo, *in quibus summovetur petitor, si evitare periculum poterat* (L. 28, D., 9, 2).

Quizá se puede proceder con criterio de mayor libertad en la aplicación de la culpa contractual. Las fuentes nos proporcionan los siguientes ejemplos: el comprador ha sido condenado en juicio porque el esclavo ha cometido un delito, ha robado, por ejemplo. En el momento del contrato no había sido indicado este vicio al comprador, o sea, por así decirlo, la capacidad del esclavo para delinquir; pues bien, tendrá acción contra el vendedor para el resarcimiento, mas no obtendrá todo lo que ha pagado sino aquel *minimum* con que podía liberarse: *quanti minimo defungi potuit*; por ejemplo, si es un hurto de cuantía notable no obtendrá más que el valor del esclavo, pues pudo liberarse con la entrega (*noxae deditio*) de este (L. n, § 12, D., 19, 1; L. 23, § 8, D., 21, 1). Hay una serie de casos concernientes a la evicción en que el comprador a su vez puede haber cometido diversos actos de culpa, como no haber usucapido por negligencia u omisión, habiendo podido hacerlo, o no haber entablado la acción publiciana, tal como le había aconsejado el vendedor, en vez de la reivindicatoria, etc. (L. 45, § 1, D., 19, 1; L. 29, § 1, D., 21, 2; L. 56, § 3, D. *eod.*; L. 66 pr. *eod.*; L. 62 (6), D. 47, 2).

Solo se excluye esta limitación cuando concurre el dolo del agente (L. 9, § 4 D., 9, 2); lo que también se aplica, por lo menos en el Derecho justinianeo, a la culpa contractual (L. 45, § 1, D., 19, 1, al final).

Cuando el incidente marítimo entre Italia y Francia, durante la guerra líbica, tuvo lugar una aplicación resonante de estos principios: el Capitán de un buque correo detenido se había negado por despecho a tomar algunas precauciones esenciales aduciendo que serían resarcidos todos los daños, incluso los provenientes de su omisión. En realidad no es el derecho tan duro como a menudo lo hacen algunos intérpretes demasiado lógicos que más tienen el carácter de fáciles dialécticos, a la moda de los sofistas griegos, que el de escrutadores cautos del *bonum et equum*, según el precepto de los inolvidables jurisconsultos romanos.

29. La sentencia de la Casación de Turín, 7 de enero de 1917[29], considera bajo un punto de vista distinto, una cuestión de que ya hemos tratado (véase supra, núm.

[29] Casación de Turín, 7 de enero de 1917, Vinciguerra contra Pivano: «La Autoridad judicial tiene facultades para ordenar las prescripciones oportunas que garanticen a los fundos vecinos a un establecimiento industrial la protección contra las molestias derivantes de la explotación de este en medida que exceda los límites de la tolerancia ordinaria (en el caso concreto: tiene facultad para prohibir el trabajo de una tipografía por tiempo superior al de ocho horas diarias, así como el funcionamiento simultáneo de todas las máquinas)».

2). En aplicación del art. 574 (art. 590 del Código civil español), del Código civil, impone precauciones al vecino que explota un establecimiento industrial. No puede negarse que en las condiciones de la civilización moderna es una necesidad absoluta la industria tipográfica, de tal suerte que no se la puede relegar lejos de la zona urbana. Pero es igualmente cierto que deben tomarse todas las precauciones necesarias para reducir a lo más estricto la perturbación de semejante vecindad, o sea, reducirla a los límites rigurosos de la necesidad. Creemos que, hasta con independencia del art. 574, (art. 590, Código civil español), se podrían imponer al propietario de la tipografía precauciones y limitaciones de trabajo, en base al criterio lógico de las relaciones de vecindad, teniendo en cuenta, no tanto el carácter excesivo de la molestia y su tolerabilidad mayor o menor, cuanto la posibilidad concreta de precauciones en los verdaderos límites de la necesidad. Corresponde a estos criterios y satisface normalmente a las exigencias de las relaciones de vecindad la prohibición del trabajo nocturno y la de que toda la maquinaria trabaje simultáneamente; pero así como es posible que nuevos inventos vengan a permitir y a imponer precauciones nuevas y más eficaces, así también puede haber circunstancias extraordinarias, por ejemplo, necesidades de orden público, que muevan a suspender ya que no a quebrantar, los límites impuestos.

30. Las dos sentencias del Tribunal de primera instancia de Nápoles, 25 de abril de 1917 y de la Audiencia de Génova, 6 de marzo de 1917[30], versan sobre el ejercicio de un dispensario antivenéro, de una casa de lenocinio y de la instalación de una cuadra en los bajos de un edificio, tratándose siempre de *edificio de varios condueños.* Son, pues, relaciones que tienen ciertamente gran afinidad con las llamadas relaciones de vecindad y que en sentido lato podrían entrar bajo la misma categoría y designación que aquellas; mas que en realidad no corresponden a los términos precisos del problema que se discute, y complicarán su solución en cuanto casos del género de los debatidos ante el Juzgado de Nápoles o la Sala de apelación de Génova, que resultaron por esta vez fallados justamente dada su configuración especial, se invoquen en subsidio de teorías extraviadas. Trátase de actividades que, por impuras o repugnantes que sean, no provocan generalmente inmisiones en el fundo ajeno, ni tampoco reflejos materiales de operaciones, como trepidaciones,

---

[30] Juzgado de Nápoles, 25 de abril de 1917, Pignalosa contra Ayuntamiento de Nápoles: «el condueño, al instalar un dispensario antivenéreo, acaba con aquel goce pacífico que la ley y el contrato quieren asegurar al arrendatario de una casa y, por tanto, tal hecho, de igual modo que da facultad para exigir la resolución del contrato de alquiler celebrado entre el inquilino y el otro condueño, en base al art. 1.575, núm. 3.°, Código civil (art. 1.554, núm. 3.°, Código civil español) así también da derecho a esto último para exigir del primero el resarcimiento de daños en base al artículo 675 del mismo Código» (art. 444, Código civil español).

Audiencia de Génova, 6 de marzo de 1917, Gambarini contra Isola: «El grado de tolerancia a que están sujetos los propietarios de inmuebles, por lo que respecta a las molestias eventuales procedentes del uso de los inmuebles vecinos, se determina teniendo en cuenta, no solo las condiciones particulares del ambiente, sino también el modo como se manifieste tal uso.

En el caso concreto, el ejercicio de la prostitución practicado por el propietario vecino en la casa de su propiedad, da derecho a los propietarios contiguos a ser resarcido de los daños, aunque el inmueble se encuentre en una calle de fama notoriamente sospechosa, cuando dicho ejercicio tenga tales repercusiones exteriores de publicidad, con escándalos, disturbios y perturbaciones, que lleguen a causar una disminución notable en el valor en goce de esos bienes (art. 1.151 del Código civil)» (art. 1.902 del Código civil español).

sacudidas, olores, ruidos o cosas semejantes. Sin duda que esa vecindad deprecia mi fundo, pero lo deprecia de igual manera que lo puede depreciar toda condición externa desfavorable; yo no tengo derecho ninguno a las condiciones externas, de no haberlo adquirido de antemano mediante contrato o servidumbre. La repugnancia moral o social (pues en la instalación de un dispensario antivenéreo no puede hablarse de inmoralidad en sí) favorece una confusión de ideas por la que con frecuencia se pretende, se concede y se justifica por los escritores una indemnización, a favor de los propietarios vecinos, que es una pura especulación, quizá no menos reprobable que la explotación inmoral que la provoca, y desde luego mucho más reprobable que el ejercicio de un establecimiento antivenéreo (cfr. supra, núm. 8 y núm. 15;.

Pero si la instalación de esos establecimientos tiene lugar en una parte del fundo de que se es condueño, por ejemplo, en un departamento o un local del edificio común, como pasa en las sentencias de que tratamos, no cabe duda de que el resarcimiento es debido, pues la actividad molesta o perjudicial se ejercita de modo *directo* en una esfera común y por tanto también de *pertenencia del vecino.*

No son, pues, los criterios relativos a las relaciones de vecindad los que deben aplicarse, sino los criterios relativos al uso de las cosas comunes, por donde se pasa del condominio, a las vías públicas, a las orillas del mar y al aire que se respira. No se trata de repercusiones y propagaciones, sino de acciones directas sobre la cosa propia que deben poderse impedir de algún modo. Ciertamente que cada uno de los condueños puede usar de la cosa común, o sea, en nuestro caso, que tiene derecho a disfrutar de aquellas partes del edificio que son comunes, mas debe usarlas de modo que no exceda, que no lesione el derecho y que no disminuya el goce del otro titular. Por tanto, en estos supuestos tenemos necesariamente una medida más rigurosa, en la que hechos que en las relaciones de vecindad propiamente dichas no sobrepasan la esfera del dominio propio, constituyen en cambio en nuestro caso, dada la comunidad de derechos sobre la misma cosa, una violación de la esfera de derechos ajena (cfr. supra, núm. 12). Las fallos son acertados, pero la fundamentación no es correcta científicamente, pues el razonamiento se enfoca y se diluye en el concepto y en los criterios habituales de las relaciones de vecindad, en vez de invocar, como cuestión que es de comunidad, pura y simplemente el art. 675 (art. 394 del Código civil español) del Código civil.

31. Tampoco concierne propiamente a las relaciones de vecindad, sino a la responsabilidad por daños entre propietarios colindantes, la sentencia de Apelación de Génova, 8 de febrero de 1916[31]. Los hornos instalados por la Sociedad para la preparación del cacao y la cocción de las mezclas para hacer caramelos, habían causado daños efectivos en las mercancías de otro establecimiento. Es, por tanto, improcedente invocar que este establecimiento existía con anterioridad (motivo que tampoco en las relaciones de vecindad tiene verdadero valor jurídico) (cfr.

---

[31] Audiencia de Génova, 8 de febrero de 1916, Sociedad Fábricas Reunidas Gallettine con Poggio y Bianchetti: «El inquilino que perjudica la explotación preexistente del inquilino vecino con la implantación de hornos de alta temperatura es responsable frente a él de los daños causados.

«En cambio, no es responsable de tales daños el arrendador común si en el contrato de arrendamiento no ha autorizado al inquilino autor de los daños para que ponga en práctica los actos de que estos derivan.»

supra, núm. 11). También es improcedente por otra parte alegar, como hizo la defensa de la Sociedad, la famosa L. 8, § 6, D., 8, 5, sobre las tolerancias razonables. En base al art. 1.151 (art. 1.902 del Código civil español) el daño pide de todos modos ser resarcido pura y simplemente.

La mescolanza de las relaciones de vecindad con la responsabilidad por culpa es otra causa de confusión no pequeña en nuestra materia. Esa mescolanza es la que ha enturbiado todas las investigaciones relativas a las relaciones de vecindad con las discusiones, de *iure condito* o de *iure condendo*, sobre la culpa y la responsabilidad objetiva; ella también la que ha vulgarizado en la jurisprudencia misma una distinción errónea entre daño efectivo e incomodidad o molestia; distinción simple y atractiva que, como tantas otras análogas, carece en absoluto de sentido para la cuestión que se trata de resolver. Las relaciones de vecindad se refieren precisamente a las molestias, las incomodidades y las perturbaciones y prescinden del daño y de la culpa. Se trata de determinar qué molestias deban tolerarse en la inmisión y en la penetración de actividades ajenas y cuáles, en cambio, no se deban tolerar, sino eliminar. En cuanto al daño no cabe duda que cuando sea daño jurídico, esto es, lesión de mi derecho, no privación de comodidades externas y ocasionales, habrá de ser resarcido; pero para el resarcimiento es preciso que haya culpa, aunque sea levísima.

32. Correctísima es formalmente la sentencia de la Audiencia de Palermo, 8 de septiembre de 1916[32], sobre la salida de chispas de las locomotoras en marcha. El Juzgado había recurrido a la teoría del daño objetivo, estableciendo la responsabilidad de la Administración de ferrocarriles. No sin razón y no sin ironía, hace observar al Juzgado la Sala de Apelación que las teorías, estimables o no, puramente doctrinales, de *iure condendo*, no pueden aplicarse como ley positiva. Con todo, como ya hemos observado anteriormente, tratándose de una categoría en que la prueba de la culpa ha de formarse de un modo particular, lo que subvierte la situación, sin esfuerzo y sin la intrusión de reglas nuevas, simplemente con la aplicación pura de los principios lógicos, se exigirá a las partes la prueba rigurosa de un hecho jurídico cuando no haya circunstancia objetiva ninguna que manifieste de por sí su existencia. Pero cuando las circunstancias proclamen o parezcan proclamar la existencia del hecho, la prueba podrá exigirse con menos rigor, o incluso no exigirse. En tal caso se presume el hecho jurídico, no ya por una *praesumptio iuris*, sino por una de aquellas *praesumptiones hominis* que se dejan al prudente arbitrio del juez. La atmósfera procesal está saturada toda ella, y bastante más de lo que se suele creer, por estas presunciones. Ciertamente, las circunstancias, aunque sean graves, precisas y concordantes, pueden inducir a error; pero en este caso es la otra parte la que ha de ilustrar al juez y desvirtuar el valor de aquellas circunstancias. He aquí como, de modo espontáneo, hay casos en que, en última instancia, la carga de la

---

32 Audiencia de Palermo, 8 de septiembre de 1916, Ferrocarriles del Estado contra Barba: «Dentro de nuestro derecho positivo no es admisible la responsabilidad sin culpa por daño objetivo.
En consecuencia, la Administración de los Ferrocarriles no puede ser hecha responsable de los daños por incendio causado por chispas es capadas de la locomotora en marcha, a no ser que se haya demostrado la culpa por la inobservancia de las precauciones proscritas.
«El hecho de que el fuego prendiera en una construcción suministrada por la Administración de Ferrocarriles a uno de sus empleados para los fines del servicio, no la hace responsable respecto de dicho empleado de los daños que le hayan provenido del incendio.»

prueba viene a resultar casi invertida. Ahora bien, el caso que tratamos es en nuestra opinión uno de los que entran en esa hipótesis. La Sala observa que la ley impone a la Administración de los ferrocarriles, además de las precauciones comunes, precauciones especiales y que si se han observado con diligencia todas ellas y, ello no obstante, se ha producido un daño, resultaría irracional, antisocial e inicuo hacer recaer todavía la responsabilidad sobre el gestor de la explotación. Pero es lo cierto, que aun rechazando, como es lógico, la teoría de la responsabilidad objetiva en nuestro derecho, con todo, el daño es a veces consecuencia fatal del ejercicio de una determinada actividad, aunque se haya emprendido con todas las precauciones posibles. Ahora bien, la misma frecuencia con que se producen estos casos de que salgan chispas de las locomotoras, con la consiguiente producción de daños, indica que estamos en una de esas hipótesis (cfr. supra, núms. 4, 17, 23 y otras numerosas sentencias citadas en las dos notas del Abogado Pitocchi, en *Giur. ital.*, LXVI [1914], 1, 2, 312 y LXIX (1917), I, 1, 850). No queremos decir, ciertamente, que se deba hacer siempre responsable a la Administración; pero sí creemos, volviendo a nuestro punto de vista, que la prueba debe llevarse de un modo especial.

Ante todo, la prueba no debe encaminarse hacia la cuestión subjetiva: ánimo dirigido a lesionar, negligencia. Fácilmente quedará excluida toda negligencia con la demostración de que se tomaron todas las precauciones posibles. Trátase en cambio, de examinar aquellas circunstancias que excluyen que el daño sea consecuencia directa del ejercicio y, naturalmente, esas circunstancias serán alegadas por la Administración. Cuando no puedan ser alegadas, cuando sea claro, y claro debería serlo para todos ante la serie numerosa de casos, que todas las precauciones son inútiles para eliminar de modo constante y absoluto las consecuencias de esa actividad, no creo que pueda negarse la responsabilidad. Tampoco puede exonerar de responsabilidad la finalidad útil de la explotación; el daño es siempre en mayor o menor media consecuencia de una actividad que tiende a una finalidad útil; pero si yo puedo prever que, a pesar de todas las precauciones y sin que haya intervención de circunstancias concomitantes mi actividad podrá engendrar consecuencias perjudiciales, debo quedar sujeto por lo menos a resarcir estas consecuencias.

En las dos notas del Abogado Pitocchi que acabamos de citar, notas muy trabajadas y muy nutridas de doctrina, se sostiene enérgicamente la irresponsabilidad de los ferrocarriles para todo caso de daños producidos por las chispas salidas de las locomotoras. Pero las dos notas combaten la teoría de daño sin culpa, de la responsabilidad objetiva, y en esos límites estamos plenamente de acuerdo con cuanto sostiene en ellas; mas no creemos poder coincidir también con su afirmación general de la irresponsabilidad plena de los ferrocarriles, basada en la tesis absoluta de que la prueba de la culpa corresponde siempre y por entero a quien ha sufrido el daño. Es decir, que nos colocamos y nos apoyamos en un fundamento diverso, sin alejarnos del terreno de la ley positiva. Ciertamente, hay algún punto en la argumentación de Pitocchi contra las sentencias de los Tribunales que podría afectar también en algo a nuestra tesis, pues a veces los Tribunales han recurrido a argumentos no derivados de la teoría del daño objetivo, para fundamentar sus fallos en favor de los perjudicados. Al oponer frente a esos fallos, que la explotación de los ferrocarriles hecha con las debidas precauciones y obedeciendo a todas las prescripciones existentes, no es una culpa, podría parecer que con tan sencilla observación quedaba herida de muerte nuestra misma tesis. Pitocchi relata las declaraciones verdaderamente humorísticas a que llegaron algunos Tribunales extranjeros que quisieron encontrar una culpa en el ejercicio de la tracción por vapor. Mas no hay que llegar a estos extremos. Nos bastará con recordar un extremo que quizá se olvida demasiado: que la culpa que se exige en el campo extracontractual, la culpa de la ley Aquilia, es un mínimum que se reduce a la simple conciencia y voluntariedad del acto. Por esta razón declaran las fuentes romanas que para la ley Aquilia basta una *culpa levissima;* declaración que ha provocado una inmensidad de cavilaciones y de distinciones vagas. Ha de quedar excluido el hecho bruto, producto de circunstancias naturales, de igual modo que ha de ser excluida la actividad inconsciente de un niño o de un loco. Pero si la actividad es consciente y seguro el *nexo causal,* si el daño ha tenido lugar, no podrá eliminarse la culpa por el hecho de que la actividad era una actividad útil en sí, ni con el pretexto de que adosando la responsabilidad a los agentes de aquella actividad útil se les pone el sambenito oprobioso de un delito. Pasaron ya los tiempos en que se veía un delito en el *damnum iniuria datum,* y aún más, se puede observar que precisamente en la fase arcaica en que para todos los efectos era todavía una realidad la figura del *delictum* y de la obligación *ex delicto* en base al daño, de lo que se prescindía era de la culpa.

Es indudable que la Administración de los ferrocarriles para fines de alta utilidad, más aún, esenciales, pone en obra conscientemente una actividad que puede producir incendios en las propiedades adyacentes; es más, también es evidente que prevé o debe prever esas consecuencias, pues el caso se repite con demasiada frecuencia. Y si el daño se produce sin imprudencia del perjudicado y sin que este haya omitido por su parte las precauciones necesarias, el perjuicio de la fatalidad, siempre que esta no resulte de circunstancias extraordinarias, deben soportarlo los ferrocarriles, pues no es mera fatalidad la consecuencia más o menos ineluctable de una actividad consciente.

33. Por lo raro del caso y por su carácter delicado tiene extraordinario interés el resuelto por la Audiencia de Turín el 13 de febrero de 1917[33]. El paso de los trenes con frecuentes trepidaciones dificultaba y a veces impedía la clarificación de los vinos en un establecimiento cercano a la vía férrea, e, igualmente, causaba gastos y pérdidas en los trasiegos. El perjudicado reclamaba una indemnización evaluada en base al deterioro y pérdida de los vinos que experimentaba y del gasto que representaba por año capitalizando la suma al 4 ½ por 100. La Sala denegó toda indemnización.

No son demasiado afortunadas las razones con que la Sala trata de justificar la negativa completa y tajante que opuso a la demanda. Observa la Sala, invocando la ley de Obras públicas y principalmente el art. 234, concerniente a la construcción y explotación de ferrocarriles, que «las propiedades situadas junto a los caminos de hierro están sujetas a todas las servidumbres y gravámenes inherentes a las propiedades adyacentes a caminos nacionales, provinciales y vecinales». Pero justamente rebatía la parte, como lo recuerda la Sala misma, que esas servidumbres eran las nombradas e indicadas específicamente por la ley.

Y podemos agregar que es ese el sentido del mismo art. 234: no se habla en él de *gravámenes inherentes a las propiedades contiguas,* sino de *gravámenes impuestos a las propiedades contiguas por la presente ley* (de Obras públicas). Siendo esto así, no debió

[33] Audiencia de Turín, 13 de febrero de 1927: «El propietario de una bodega que vea menoscabado el uso de la misma por la trepidación causada por el paso cercano del tren que le impide la clarificación de los vinos depositados en aquélla no tiene acción para reclamar contra los ferrocarriles indemnización de daños».

rechazarse la petición de la demanda diciendo que es obvio que *«aunque no estén indicadas de modo expreso* las servidumbres de *vistas directas o indirectas* (esté el tren en movimiento o esté parado) así como la servidumbre de *trepidación* durante el paso fugaz de los trenes, son de las más normales a que están sujetos los fundos situados a lo largo de los caminos ordinarios y de hierro». Las servidumbres legales, o lo que es lo mismo, las limitaciones de la propiedad, *deben estar y están realmente declaradas de modo expreso.* Además los ejemplos que enumera la Sala y en que se mezclan cosas diversas, son ocasionados a error. Por lo que concierne a las vistas, a su disminución, a la pérdida de valor de mi fundo por efecto de construcciones nuevas, son efectos que habrán de soportarse buenamente, vengan de quien vengan; no hace falta, por tanto, reconocer una servidumbre legal o una limitación del dominio para imponer la tolerancia del hecho porque este provenga de los ferrocarriles. No tengo derecho ninguno a las condiciones externas que casualmente dan a mi fundo mayor valor. Por tanto, podrá modificarlas con toda libertad quien levante un edificio y en general quien actúe fuera de los confines de mi propiedad. La exquisitez estética de los griegos motivó en la última época del Derecho romano que se prohibiese al vecino que nos privara mediante construcciones de la vista amena del mar o de los montes; mas ello se hizo mediante limitaciones especiales que prescribían precisamente que no se quitase esta vista del mar o de las montañas, limitaciones que Justiniano disciplinó con especial cuidado, procurando evitar los fraudes. Pero nuestro derecho no conoce restricciones semejantes. Si quiere denominarse también *servitus* a la disminución de vistas, solo podrá hacerse en el sentido de aquella *servitus naturalis* de que habla la L. I, § 22, D. 39, 2, por la cual cada propietario ha de tolerar las consecuencias aleatorias de su situación respecto a los fundos vecinos y compensar las desventajas con los beneficios eventuales.

Distinto es el caso de la trepidación. Hay aquí una propagación hasta el interior de mi fundo de operaciones que comienzan en el de fuera, una modificación de las condiciones internas sobre las que tengo un derecho indiscutible. Y no hay inconveniente en aceptar que se trata, según declara la Sala, de un gravamen capaz de ser objeto de servidumbre. Desde luego, yo no encontraría dificultades para la constitución voluntaria de semejante servidumbre; nuestras servidumbres no tienen carácter de tipicidad y no es preciso que intervenga el legislador para autorizar formas nuevas por originales que sean, como, por ejemplo, la famosa *servitus fumi immittendi*, que debe su origen probablemente a una interpolación justinianea. Pero, por todo lo que llevamos dicho, no me parece que sea muy conforme a los cánones de una interpretación austera de la ley el razonamiento con que la Sala afirma que debe considerarse establecido este gravamen como servidumbre legal por la ley de Obras públicas.

En realidad se hubiera podido llegar a una solución equitativa sin ser infiel a la lógica. Desde luego, el hecho de que se trate de obras realizadas generalmente por razones de utilidad pública no basta para dar de lado a la disminución que se sufra en las condiciones internas o en el uso del fundo propio por la construcción del ferrocarril. Lo único que se puede discutir es si será resarcible cuando quede dentro de ciertos límites. El derecho al resarcimiento parece conforme, en general, tanto con los principios generales como con los términos del art. 46 de la ley 25 de junio de 1865 de expropiación por causa de utilidad pública, que no ha hecho más que codificar los principios generales casi en los mismos términos de los juristas romanos. No da derecho a resarcimiento «la privación de una utilidad a que el propietario no tuviese derecho» como serían la vista libre o las bellas vistas. Pero sí es resarcible el gravamen de servidumbre o el daño permanente «que derive de la pérdida o de la disminución de un derecho». Ahora bien, la modificación de las condiciones internas y de la aptitud de mi fundo por efecto de la trepidación es disminución de un derecho, es daño jurídico y daño permanente, por lo que es servidumbre el tener que sufrir la actividad que continuamente lo produce y lo renueva. La Sala (prescindiendo por ahora de otras observaciones de que trataremos a continuación) niega que haya un daño permanente porque el actor ni siquiera ha hecho la afirmación de que el paso de los trenes haga perder solidez a su edificio y haga aparecer un peligro más o menos remoto de lesión». Pero el inconveniente contra el que reclamaba la parte no era el peligro de un daño futuro y remoto, inconveniente, este sí, que no hubiera podido ser resarcido. No son suficiente razón de resarcimiento el peligro de un incendio (por ejemplo, provocado por las chispas expulsadas por la locomotora, caso que hemos tropezado varias veces en cuestiones afectantes a los ferrocarriles), ni el peligro de explosiones u otros peligros semejantes por muy graves que sean las preocupaciones que inspiran los fenómenos temidos y por grande que sea, consiguientemente, la depreciación que sufra mi fundo. Es de lamentar, desde luego, que el derecho moderno no disponga de un remedio análogo a la *cautio damni infecti* romana para prevenir el *damnum futurum,* pero es igualmente cierto que las preocupaciones que suscita en mi espíritu una vecindad peligrosa o insegura no modifican actualmente en nada las condiciones internas de mi fundo.

Pero en el caso que debatimos el daño alegado por el propietario del establecimiento no solamente es un daño relativo a condiciones internas sino que es también un daño actual. Podrá discutirse su existencia, podrá discutirse su entidad, podrá opinarse, con la Sala, que es un daño incierto, pero ello no es una razón para inducir que no se le puede «equiparar en sus consecuencias a la pérdida o a la disminución de un derecho»; bien entendido, una vez que se haya conseguido determinar su existencia. En cuanto a la declaración final, en que se niega la posibilidad del daño y se rehúsa el examen pericial «porque no hay necesidad, ciertamente, de la experiencia de un técnico para comprender que una trepidación, que tiene lugar por intervalos y solo en contados momentos de paso de los trenes a la distancia legal y que es tan leve que no ocasiona lesión ninguna al edificio, no puede repercutir en los subterráneos del mismo en tal proporción que llegue a provocar que los vinos se enturbien, sean o no sean puros», parece en verdad de un tenor un tanto burlón, un tanto *tranchant* y no demasiado coherente con los razonamientos que la preceden. De todos modos no nos compete el análisis ni el juicio de la cuestión de hecho.

Ahora bien, aun admitiendo la posibilidad y la realidad del daño y reconociendo, en tesis general, la legitimidad del resarcimiento, hay que indagar todavía si pueden existir razones en el caso concreto que muevan a rechazar la demanda de indemnización. Para este fin es conveniente distinguir entre el daño verificado inmediatamente después de la construcción del ferrocarril –vinos existentes en depósito y que han sufrido deterioro, vinos que han tenido que trasegarse con mayor gasto– y el daño que se tema sufrir en el porvenir; el *damnum praeteritum* y el *damnum futurum* de que hablaban los juristas romanos. El primero de ambos es, evidentemente, evaluable y resarcible, lo mismo fundándose en los principios generales que en los principios del artículo 46, si estamos en una hipótesis en la que deba aplicarse la ley de expropiación por causa de utilidad pública.

La investigación del daño futuro es en cambio de naturaleza más delicada. Ante todo, aunque se admita la tesis del resarcimiento, no creo que deban admitirse los criterios y los cálculos de la parte perjudicada. Es justa la observación que hace la Sala de que el local en que hoy se practica la industria vinícola puede dejar de estar destinado a ese fin en el día de mañana, «pues indudablemente se presta también a que se practiquen en él otras actividades industriales o comerciales de otra clase». Si el local resulta absolutamente impropio para la conservación de los vinos, significaría provocar los daños por propia culpa el obstinarse en proseguir y continuar ejercitando en él la misma industria. Se podrá hacer la tasación de la pérdida de valor que representa el que quede excluido ese uso de las posibilidades de destino del edificio, pero no se podrá pretender el resarcimiento de un daño fácilmente evitable y que puede resultar enorme y superior en mucho a la diferencia eventual del valor arrendaticio del edificio dedicado a un uso nuevo.

Pero se puede avanzar todavía más. Si el fundo no ha sido expropiado parcialmente y si por tanto, no se ha valuado en la indemnización de la parte expropiada la disminución de la idoneidad para el uso de la parte restante, creo que hay suficientes razones para excluir toda otra indemnización. Es verdad que se trata de una carga, de una influencia perjudicial que se propaga a la esfera interior del fundo, pero es una carga y una influencia que no acaban con toda posibilidad de uso del fundo (de lo contrario estaríamos, no frente a una limitación sino frente a una privación de la propiedad y nos encontraríamos, por tanto, en una hipótesis de expropiación) y que sobre todo provienen de necesidades absolutas y generales.

El tráfico ferroviario, causa de las trepidaciones sufridas, es una necesidad de la vida social moderna y el inconveniente que se sufre es general y común a todos los fundos cercanos. Si no estamos, como pretendía la Sala, en el ámbito de las servidumbres establecidas por leyes especiales y exceptuadas de la indemnización, estamos, de todos modos, en el ámbito de aquellas servidumbres que podrían llamarse servidumbres impuestas por las necesidades de la coexistencia, parangonables a las llamadas servidumbres naturales. No implica una contradicción el dar soluciones diversas según que se trate de fundos expropiados parcialmente o de fundos no expropiados; ya que la tasación plena de la indemnización a favor de quien sufre una expropiación está justificada por la privación de la cosa y está regulada con amplitud de criterio por la ley. Por tanto, al determinar el alcance de la indemnización en caso de expropiación parcial, puede tenerse en cuenta, al mismo tiempo, la depreciación que sufren las fracciones restantes del fundo expropiado por la disminución de los beneficios del aire, de la luz, de las vistas, por la pérdida de amenidad del lugar, por la misma disminución de las posibilidades de venta de la porción restante, a causa del carácter triste o peligroso de las Obras públicas establecidas allí. Pero si el fundo no ha sido expropiado, fácilmente puede comprender cualquiera que sería absurdo someter al Estado a una condición diversa de la de los ciudadanos particulares, imponiéndole la obligación de resarcir ya la depreciación de los edificios circundantes por construcciones y obras que quitan a los propietarios de aquellos las ventajas externas a que no tienen derecho, ya aquella limitación y aquella molestia frente a la cual los particulares mismos podrían oponer la ley férrea de la necesidad.

El razonamiento nos lleva siempre a aquel criterio que hemos reconocido como el criterio fundamental de las relaciones de vecindad.

BIBLIOGRAFÍA ESCOGIDA

Entre los estudios extranjeros sobre las relaciones de vecindad, los que han tenido mayor resonancia son: Spangenberg en *Archiv für civil. Praxis,* IX, 1826, pág. 263 (se trata de una nota sagaz sobre la L. 8, §§ 5-6, D., 8, 5); H e s s e, *Die Rechtsverhältnisse zwischen Grundstücksnachbarn,* Jena, 1880, y *Zur Lehre von den nachbarrechtlichen Rechtsverhältnissen,* en *Jahrbuch für die Dogm. des Rechts,* IV, 1863; Ihering, *Zur Lehre von den Beschränkungen des Grundeigenthum's im Interesse der Nachbarn,* en *Jahrb.,* VI, 1863, y *Gesammelte Aufsätze,* Jena, 1882, pág. 22 y sig. (trad. en Meuleneure, *Oeuvres choisies,* t. II); Capitane, *Des obligations de voisinage,* en *Revue critique de législation et de Jurisprudence,* 1900; G. van den Busche, *Des limitations imposées par les relations de voisinage a l'exercice du droit de propriété, sur les inmeubles* en *Flandre jud.,* 1901 (recension en *Revue trim. de dr. civ.* II, 1903, pág. 137); Appert, *Des droits de propriété vis-a-vis de ses voisins* en *Revue trimestrielle de dr. civ.,* VI, 1906; Ripert, *De l'exercice du droit de propriété dans ses rapports avec les propriétés voisines,* Paris, 1902 (recension amplia en *Revue trim. de dr. civ.,* I, 1902, pág. 828). También en Italia la bibliografía es bastante nutrida: C i m b a l i, *La proprietà e i suoi limiti nella legislazione ital.,* en *Arch. giur.,* XXIV, 1880, página 149; Gabba, *De iure vicinitatis* en *Questioni di dir. civ.,* 2.ª edic., Turín, 1909, I, pág. 149 y sig.; Cfr. también, del mismo: *Del diritto dei proprietari fronteggianti le strade 0 le piazze pubbliche al risarcimiento dei danni,* etc., en *Questioni di dirritto civile,* Turín, 1882, pág. 73; Cogliolo, *Limiti al diritto di aprire stabilimenti industriali,* etc. (artículos 574 y 1.151) en *Scritti vari,* Turín, 1910, 11, pág. 137; Degni, *Limiti al diritto di proprietá* en *Filangieri,* 1901, pág. 721 y sig.; De Meis, *Natura giuridica ed effetti dei rapporti di vicinato* (nota a la sentencia de la Casación de Nápoles, 14 de febrero de 1902, en *Giurispr. ital.,* 1902, I, pág. 303); Ferrini, *Servitù prediali* (en la *Colección de Fiore),* 1908, I, pág. 179 y sig.; B r u g i, *L'immissione di rumori provenienti da uno stabilimento, ecc.,* en *Riv. di diritto comm.,* V, 1907, II, pág. 164; el mismo, *Immissione di fumo da battelli a vapore, ecc.,* en *Riv. di dir. comm.,* VIII, 1910, II, pág. 875; y con la màxima amplitud en el *Trattato della proprieta* (en la *Colección de Fiore),* 1908, cap. II; Dusi, en *Riv. di dir. comm.,* VI, 1908, II, pág. 518. Obra especial sobre el tema es la de Sorge-Vadala, *Rapporti di vicinato,* Turín, 1909; sobre ella puede verse una recensión bastante benévola de Albertario, en *Riv. di dir. civ.,* II, 1910, 286, y otra, con observaciones agudas, de P. Luzzatto, en *Arch. giur.,* vol. LXXXII, 1909.

(La Bibliografía española sobre las relaciones de vecindad es muy escasa. Apenas pueden citarse más que las interesantes páginas que dedica a la cuestión:

Jerónimo González: «Las relaciones de vecindad y la prohibición de los actos de emulación», Rev. cit., de Derecho inmobiliario, 1928, págs. 682 ss. y 765 ss.

Se publicaron esas páginas con motivo de una Conferencia del Profesor Ferrara, sobre dicho tema en la Universidad de Madrid. Sobre esa Conferencia informa también la *Rev. de Derecho privado*, 1928, pág. 133 ss.

Noticia sobre un curso de investigación sobre las relaciones de vecindad dirigido por el Profesor Sancho Seral, con indicación de método, fuentes, bibliografía y labor desarrollada, en la Revista «Universidad», de Zaragoza, 1929, pág. 3 ss.)

APÉNDICE PRIMERO

Las relaciones de vecindad en el derecho y la jurisprudencia españoles[1]

1. En la delimitación de la «esfera interna» del derecho de propiedad sobre inmuebles, nuestro Código procede con más cautela y acierto que sus modelos:

Art. 350. El propietario de un terreno es dueño de su superficie y de lo que está debajo de ella, y puede hacer en él las obras, plantaciones y excavaciones que le convengan, salvas las servidumbres, y con sujeción a lo dispuesto en las leyes sobre Minas y Aguas y en los Reglamentos de policía.

A diferencia del Código italiano (cfr., apéndice II) no habla el nuestro del espacio que se halla sobre el suelo. Y así, mientras en aquel la palabra *superficie* ha de entenderse en su sentido geométrico, en el Código español hay que atribuirle su significado jurídico-técnico (todo lo que se eleva o halla sobre el suelo). Y aun con esta interpretación puede pensarse que nuestro Código sigue pecando del vicio contrario al del italiano: de defecto en vez de exceso. Podría subsanarse atribuyendo a la palabra *superficie* en el art. 350 un sentido de *potencialidad* (posibilidad de elevar, etc.). Con esto habríamos llegado a un criterio dotado de suficiente elasticidad, acomodable a las necesidades de cada época y que garantizaría el derecho del propietario sin el riesgo de atribuirle una extensión excesiva[2]. No sería difícil mostrar la equivalencia substancial entre este criterio y el del «interés en el ejercicio» del Código civil suizo (art. 667).

2. Nuestro Código civil y alguna ley especial (sobre todo la de Aguas) son relativamente ricos en preceptos sobre las relaciones de vecindad. Y sobre todo, en sus disposiciones hay implícitos principios fecundos que nuestra jurisprudencia, mucho menos abundante —en cuanto me ha sido dable conocer[3]— que la italiana, no siempre ha desarrollado.

---

1 La traducción de esta obra ha tenido por propósito facilitar al lector español el enfoque en nuestro derecho de las relaciones de vecindad. A ese fin ha parecido útil agregar a más de las concordancias un breve apéndice en que se indiquen escuetamente los preceptos más importantes de nuestro derecho, así como las principales decisiones de su jurisprudencia. El apéndice tiene esa simple pretensión, y ninguna más alta, dogmática o constructiva.

2 Ya Jerónimo González había observado que la redacción del artículo 350 elimina el peligro de «extensión hiperbólica hasta los astros». «Extensión del derecho de propiedad en sentido vertical», *Revista critica de derecho inmobiliario*, núm. 1.°, pág. 26.

3 En nuestro país el interés por la jurisprudencia está concentrado en la del Tribunal Supremo. Muy explicablemente, dada la función unificadora y decisiva que esta asume. Pero la

También se encuentran algunos preceptos referentes a relaciones de vecindad en Decretos o Reglamentos de policía, administración, etc., por ejemplo, el Real decreto de protección a la Agricultura de 18 de diciembre de 1890, que solicitan menos nuestra atención.

3. Los artículos 389, 390 y 391 del Código civil en relación con los 1.907 y 1.908, núm. 3.° del mismo conciernen a los edificios ruinosos y a los árboles que amenazan caerse con riesgo de daño principalmente para la vecindad de fincas o personas. Establecen esos artículos en primer término una obligación del propietario: arrancar el árbol o demoler la obra o hacer en ella las obras necesarias para evitar su caída. En segundo término, una medida preventiva: la facultad de la Autoridad para proceder a ejecutar esos actos cuando el propietario los omitiere. Finalmente una responsabilidad: la del propietario cuando el acontecimiento temido llegara a realizarse.

El alcance de esa responsabilidad es, sin duda, la cuestión más interesante que respecto de esos artículos se presenta.

En cuanto al caso de la caída de árbol, no cabe dudar de que la responsabilidad no se circunscribe a los límites de la culpa fijada por el art. 1.902, Código civil. Por expresa disposición del Código (art. 1.908, núm. 3.º) la responsabilidad por el daño causado solo cesa cuando la caída fuera ocasionada por fuerza mayor (por ejemplo, un violento huracán).

De la ruina de un edificio o de parte de él responde el propietario cuando haya sobrevenido por falta de las reparaciones necesarias (art. 1.907). ¿Significará esto una diversa extensión de responsabilidad respeto del caso paralelo, y en lo demás de análoga regulación legal, de la caída del árbol?

En sentencia de 1.° de febrero de 1916 el Tribunal Supremo decidió un caso de interpretación del art. 1.907. Una reja saliente en la fachada de un edificio había caído violentamente a la calle, causando graves lesiones a una niña. El Tribunal Supremo denegó la indemnización reclamada porque no constando que el demandado «dejara de adoptar, con respecto a dicha reja, las medidas adecuadas, al efecto de prevenir y evitar que se desprendiera... es manifiesto que no existe... infracción del art. 1.907 del Código civil...». *E pur si muove!* El Código no habla de «medidas adecuadas» sino de «reparaciones necesarias». Pero si las reparaciones hubieran sido las «necesarias» para evitar el suceso, este no habría podido ocurrir a no ser por un agente exterior (por ejemplo, un terremoto), o sea, por fuerza mayor, igual que en el caso de caída del árbol[4]. Y eso, y nada menos que eso, hubiera tenido que alegar el propietario y dar por probado la Sala de instancia para que ella y el Supremo le hubieran declarado exento de responsabilidad. Por eso es también reprobable la observación del

jurisprudencia de los Tribunales inferiores resulta así prácticamente inasequible. Eso explicaría la escasez de decisiones sobre relaciones de vecindad que muchas veces se suscitan como cuestiones de hecho. Especialmente sucede así con los artículos 389, 390 y 391 del Código civil, pues los casos a que afectan se substancian como interdictos (cfr. ley de Enjuiciamiento civil, artículos 1.676 s.).

[4] Entiendo, pues, que en el art. 1.907 el sentido de la palabra «necesarias» requiere una determinación *objetiva* y que, dada la índole del precepto, ninguna razón autoriza a substituirla por una referencia *subjetiva,* por ejemplo: que se habían hecho las reparaciones *estimadas* necesarias.

mismo considerando de la sentencia de «que el hecho del desprendimiento *pudo* obedecer acaso fortuito o intervención de persona extraña».

La sentencia que comentamos revela la tendencia, visible también en la doctrina, a acentuar los requisitos subjetivos de la culpa y a inspirar la interpretación de todos los artículos del cap. II, tít. XVI, libro IV del Código con sujeción estricta al principio del art. 1.902. Tendencia en mi opinión equivocada, al menos en lo concerniente a relaciones de vecindad y análogas en que a veces nuestra legislación inclina a objetivar la responsabilidad. Así el art. 1.910 (recogiendo el caso *de effusis et deiectis* del Derecho romano) para cuestiones muy semejantes a la debatida en aquella sentencia.

Puede suceder que en la demolición de la obra ruinosa se causen daños a los vecinos. El Código no regula la responsabilidad que haya de resultar de tal supuesto. Y realmente será cuestión de hecho a enjuiciar según las circunstancias concretas de cada caso. Habrá que determinar si el estado de ruina era tal que la demolición, aun hecha con las debidas, precauciones, no pudo impedir el daño, o si, por el contrario, este se debió a una demolición conducida imprudentemente, y atender también en cada caso a si el agente fue el particular o la Autoridad, para la imputación de la responsabilidad. De todos modos parece poco perspicaz la sentencia del Tribunal Supremo de 18 de marzo de 1889: Demolidas tres casas lindantes con el teatro Apolo, Valencia, por acuerdo municipal, los escombros impidieron por tres días la entrada al Coliseo. El arrendatario del teatro obtuvo condena de daños contra el dueño de las casas derribadas; pero el Tribunal Supremo casó la sentencia por estimar que se trataba de caso fortuito.

4. En materia de distancias y obras intermedias para ciertas construcciones y plantaciones (sección 7.ª, Cap. II, tít. VII, lib. II del Código) asume importancia principal el art. 590. El art. 589 podría vacar perfectamente en un Código civil. Los 591, 592 y 593 conciernen a las distancias a guardar en la plantación de árboles, facultades del propietario en cuyo fundo penetran ramas o raíces del vecino y presunción de medianería para los árboles existentes en un seto vivo medianero.

El art. 590 implica, como los otros de la misma sección, una limitación del derecho. No es pues susceptible de interpretación analógica pero sí de extensiva. La enumeración que contiene («pozos, cloacas, acueductos», etc., etc.) no es taxativa sino demostrativa. Contiene además expresiones tan generales como la de «fábricas que por sí mismas o sus productos sean peligrosas o nocivas» que le dan una gran elasticidad. El artículo prescribe que se guarden las distancias y adopten las precauciones que los Reglamentos o los usos del lugar señalen y en su defecto (medida preventiva) las que resulten de dictamen judicial, a fin de evitar todo daño a las heredades o edificios vecinos. El art. 1.908 (salvo en su número 3.º) fija la responsabilidad por los daños causados con incumplimiento de aquellas medidas de resguardo.

A pesar de la importancia que parecía llamado a asumir el art. 590, la jurisprudencia sobre él y su complementario 1.908 es casi nula. Solo he logrado comprobar una sentencia, de 23 de junio de 1913, referente por cierto a un caso heredado del Derecho romano, «los humos excesivos que sean nocivos para las personas y las propiedades» (art. 1.908, núm. 2.º) el más desligado dentro de ese art. 590 (salvo siempre el núm. 3.º) y el único en que no se haga referencia a la diligencia debida o precauciones adecuadas.

La sentencia está laudablemente concebida y resuelve algunos extremos de interés:

J. R. dueño de una casa lindante, con otra de N. U. entabla demanda contra él: los hornos de pan cocer existentes en la casa del demandado, junto a la pared divisoria con la suya, daban humo, que dejaba en su patio gran cantidad de partículas y residuos, que ennegrecían el pavimento y que con la lluvia formaban un líquido sucio que manchaba las paredes impidiendo el uso adecuado de la casa y utilización del patio... Suplicaba que cesara la molestia y fuera reparado el daño causado.

La sentencia establece «que la obligación señalada en el art. 1.902, Código civil... alcanza... al dueño de una casa que, por omitir los medios conducentes a la desaparición o corrección de los vicios o el empleo de los medios adecuados para evitar sus consecuencias, da lugar a que se produzcan dichos daños; sin que pueda excusarle de tal obligación la circunstancia de que al adquirir dicha casa... se hallase en igual estado y se produjeran los mismos resultados[5], y como... los daños en la casa... son originados por los humos excesivos del carbón mineral que los... propietarios de la casa contigua emplean para el funcionamiento de los hornos... es indudable el deber en que se encuentran de indemnizar dichos daños, así como el de adoptar las disposiciones necesarias para evitar que sigan produciéndose[6]...». Finalmente el demandado y recurrente había alegado la prescripción del 1.968, núm. 2.° porque hacía mucho más de un año que el demandante venía tolerando aquel estado. Con razón rechazó el Supremo esta pretendida prescripción de las molestias, como la llama Bonfante, y declara el acierto del fallo recurrido al condenar a los daños producidos en el año anterior a la interposición de la demanda «pues de prosperar el criterio con que lo interpreta (art. 1.968) el recurrente, todo el que por tolerancia... hubiera dejado pasar el referido plazo sin formular reclamación legal, tendría que resignarse a padecer los males que la impericia, el abandono o la negligencia de un tercero tuviera a bien inferirle...»

5. El art. 1.906 establece un caso singular de responsabilidad por relaciones de vecindad: la del propietario de una heredad de casa por el daño que cause esta en las fincas vecinas, cuando no haya hecho lo necesario para impedir su multiplicación o cuando haya dificultado la acción de los dueños vecinos para perseguirlas. Sobre este artículo véase la sentencia de 21 de febrero de 1911, en pleito en que se debatió, entre otros extremos, el de cuando tenga el carácter de heredad de caza la finca en cuestión.

6. También en nuestro derecho los daños causados en las relaciones de vecindad habrán de acogerse, cuando no exista un precepto más concreto, al principio general de culpa extracontractual, al art. 1.902. Nuestra jurisprudencia ofrece aquí y allá algún enunciado de carácter general relativo a él. Así, el principio *qui suo iure utitur neminem laedit* en sentencia de 11 de marzo de 1896. El propietario de un molino entabló demanda, que llegó a recurso de casación, contra quienes, haciendo

---

[5] El demandado había hecho efectivamente esa alegación. Justamente le niega relevancia la Sala por ineficacia del motivo de preexistencia (cfr. más adelante núm. 9) y por el principio *in facultativis non datur praescriptio.*

[6] Es pues la distinción de los dos extremos negatoria e indemnización. Esta distinción puede considerarse constante en nuestra jurisprudencia (cfr. Sentencias 12 de mayo de 1891, 2 de marzo de 1904, etc.).

una presa, le habían privado de la corriente de agua que movía el molino. Se estimó probado el derecho de los recurridos a hacer la presa, y el Supremo sentó «que las reparaciones de daños causados suponen siempre que el que los infirió obró con culpa o negligencia, y el que ejercita un derecho está fuera de las condiciones que producen la obligación que impone el art. 1.902».

Una sentencia penal, anterior al Código civil, de 29 de febrero de 1884 declara «que el derecho de propiedad no alcanza a ejecutar actos que redunden en detrimento o menoscabo de las propiedades limítrofes» (se trataba del dueño de una casa que para allanar el suelo del patio hizo estallar unos barrenos que hicieron daños en las fincas limítrofes)[7].

7. Nuestra jurisprudencia más antigua rechazaba la responsabilidad por incendio provocado por las chispas expulsadas por las locomotoras. Una sentencia de 30 de mayo de 1865 desestima el recurso entablado por el incendio ocasionado en un argomal por las locomotoras: «que no existiendo prueba de imprudencia ni culpabilidad por parte de los maquinistas en que se incendiera el argomal...». No se había elevado el Tribunal a la visión de la culpa como mera imputabilidad e investigaba los supuestos de aquella en quienes no podía encontrarlos, en los conductores de las locomotoras. Mas hoy no parece que pueda haber dificultad ninguna en reconocer en el incendio provocado por chispas de las locomotoras, un caso comprendido en los términos del art. 1.902. Las dos sentencias más recientes sobre el tema que han llegado a mi conocimiento, las de 12 de agosto de 1912 y 16 de enero de 1916, resolvieron tan solo la cuestión de competencia (cfr. número siguiente). Mas la opinión arriba aventurada encuentra apoyo en la sentencia de 3 de junio de 1901. Se declaró en ella no haber lugar al recurso interpuesto por el incendio de un almiar de paja; pero se resolvió así en consideración a que de la prueba había resultado que el almiar se hallaba situado dentro del recinto de la estación por concesión de la Compañía de ferrocarriles; concesión que, por circular de la Compañía, se entendía —fuera o no gratuita— a riesgo y responsabilidad de quien la utilizara.

8. Sabido es que nuestra jurisprudencia ha mostrado vacilaciones en la determinación de cuál sea el Juez competente en las reclamaciones por daños causados por culpa aquiliana. En el Diccionario de Alcubilla podrá encontrar el lector (en la voz «daños y perjuicios») numerosas sentencias agrupadas bajo el título de «doctrina contradictoria». Con todo, creemos que las aparentes contradicciones son susceptibles de reducirse bajo criterios diferenciales. Especialmente en los daños causados en conexión de vecindad el Supremo se ha decidido por la competencia del lugar en que el daño se produjo. Baste recordar las sentencias antes citadas de 12 de agosto de 1912 y 16 de enero de 1916 por incendios causados por locomotoras. En ambas de resolvió la competencia a favor del lugar en que se causó el daño. Igualmente la sentencia de 4 de mayo de 1915 en demanda contra la Sociedad general de Industria y Comercio (domiciliada en Bilbao) por el dueño de una finca en Cartagena cuyos productos habían mermado mucho por el estrago causado en los cultivos por los humos y emanaciones de una fábrica de productos químicos que tenía en Cartagena aquella Sociedad. Suscitada por la misma la cuestión de competencia el Supremo

[7] Otra sentencia penal, aún más antigua, 12 de octubre de 1871, declara imprudencia el dar fuego a una suerte de tierra propia para su mejor cultivo, con perjuicio de las mieses vecinas que se incendian.

decidió el recurso a favor del demandante, porque la cuestión de daños debe plantearse «ante el Juez del lugar en que se hayan causado».

En el mismo sentido resolvió la cuestión de competencia la sentencia de 19 de enero de 1916 por daños causados en una cueva habitada que se inundó por trasminarse otra contigua propiedad de una Compañía de ferrocarriles.

Las cuestiones de competencia de jurisdicción las ha resuelto nuestra jurisprudencia inspirándose en el sano principio de que la indemnización por daños es eminentemente civil y su conocimiento corresponde por tanto a los Tribunales ordinarios. Importante es en este respecto el Real decreto de resolución de competencia de 13 de enero de 1917. Se resuelve a favor de la jurisdicción ordinaria el recurso de queja promovida por esta con motivo de estar conociendo el Gobernador de Tarragona en una reclamación de daños causados a fincas rústicas por los humos de una fábrica de fundición de plomo, por ser un «principio del Derecho civil que quien hace los daños crea obligaciones... exigibles ante los Tribunales ordinarios. El Reglamento de 18 de diciembre de 1890 es indudable que no podía... dejar sin efecto aquel principio... sancionado en el Código civil».

«La jurisdicción ordinaria puede interponer recurso de queja... significando la admisión... que la Administración debe cesar en el conocimiento de los expedientes... pudiendo la parte interesada entablar ante el Tribunal civil competente la oportuna demanda de indemnización.»

Importante es también la sentencia civil de 10 de noviembre de 1924. Varios dueños de predios ribereños, invocando la ley de Minas pidieron a la Compañía minera indemnización de los daños y perjuicios ocasionados por los residuos de un lavadero mecánico que eran arrastrados hasta sus predios por las aguas. La sentencia, a ellos favorable, resolvió, entre otros extremos que «esta cuestión... solo se puede ventilar, conforme a las reglas de Derecho común, ante los Tribunales ordinarios».

9. Como ya dijimos, el art. 1.902 es la base fundamental en que nuestra jurisprudencia apoya sus decisiones sobre daños de vecindad. Las sentencias que siguen muestran cómo se hace aplicación de ese principio y también cómo la fuerza de las cosas ha hecho que la jurisprudencia muestre más rigor para admitir motivos de exención de responsabilidad. En la sentencia de 10 de noviembre de 1924 (la últimamente citada en punto a competencia) el Supremo responde así a los alegaciones de la Compañía minera: «... de dicho lavadero procedían los residuos que, arrojados al río o abandonados en sus márgenes, las avenidas trasportaron a los predios en los cuales aquellas substancias habían destruido la vida vegetal...

El expresado hecho tiene todos los caracteres... de negligencia culposa, generadora de la responsabilidad... del art. 1.902 del Código civil.

«... sobrevino el daño no de un modo fatal, inmediato y derivado exclusivamente del fenómeno natural, imprevisto e irresistible, meteoro lluvia, que producía las avenidas, sino que estos venían a actuar sobre los actos y omisiones de la Compañía, que había almacenado en cauce y márgenes del río elementos nocivos... que por aquella ilegítima colocación estaban en disposición de que el agua los difundiera...»

Muy interesante es también la bella sentencia de 12 de mayo de 1891. Me limito a reproducirla en lo esencial, prescindiendo de todo comentario pues dispensa de él el que Bonfante hace a otras sentencias italianas, no tan acertadas como esta, en que se ventilaron argumentos análogos (cfr. supra, especialmente capítulo II, núm. 11).

La Compañía de Ferrocarriles del Norte era dueña de unas escombreras de gran altura, situadas a los lados de un arroyo, próximo a dos casas de D. M. G., que a consecuencia de un desprendimiento de las escombreras se vieron invadidas por las aguas de la corriente al cambiar esta de dirección. Se acreditó en el pleito que el hundimiento se había debido a falta de solidez y seguridad de instalación de las escombreras. Condenada a indemnizar la Compañía entabló recurso que fue desestimado por el Supremo:

Que... debido el derrumbamiento... no a causa fortuita... sino a la falta de solidez... es consiguiente que la Compañía a cuyo descuido... se debe el derrumbamiento y daño causado, responda del mismo y venga obligada a evitar su repetición.

Que la regla 17, tít. 34, Partida VII (que nadie debe enriquecerse torticeramente) no es aplicable, pues es innegable el derecho de D M. G. de construir su casa en el solar de su propiedad, y la existencia anterior de las escombreras no puede... privarle del que a todo propietario corresponde...

«Que también son inaplicables las leyes de Partida de... que no injuria a otro quien usa de su derecho...»

Tiene en parte analogía con esta sentencia la de 2 de marzo de 1904. En la construcción de una línea férrea (de Linares a Almería) se levantó un terraplén que, cortando una rambla, hizo que en las lluvias las aguas que discurrían por el cauce de esta desbordaran causando daños a dos fincas vecinas. Demandaron los perjudicados que se condenara a la Compañía a indemnizar los daños y hacer las obras necesarias para impedir su reproducción:

«... Quien dueño de una cosa consiente que por vicios de esta, se irroguen perjuicios a un tercero, omitiendo la corrección de aquellos o el empleo de procedimientos adecuados para evitar sus consecuencias en daño de otro, incurre en la responsabilidad en el citado artículo (1.902) marcada...».

La sentencia de 10 de octubre de 1930 reconoce también los supuestos de responsabilidad del artículo 1.902 en el hecho de la apertura de una zanja en una calle para el tendido de una línea telefónica que provocó deterioros en una casa vecina[8].

10. En los casos en que, en supuestos de vecindad, se entremezclan la culpa aquiliana y elementos personales de tipo contractual, nuestros fallos muestran preferencia a destacar la primera, determinando la facultad de exigir o la obligación de prestar la indemnización por referencia al dominio de los predios respectivos. Tendencia a la objetivación de la imputación, de no confundir con la que hemos llamado objetivación de la responsabilidad.

Así, las sentencias de 18 de marzo de 1896 y 27 de octubre de 1925 determinan que los perjuicios que la intrusión y el laboreo de una mina cause a otra de ajena

[8] Otras sentencias de daños: 18 de marzo de 1896 sobre daños y perjuicios en unas minas por consecuencia del laboreo de otras (la indemnización se regula por la legislación minera); 14 de abril de 1899, perjuicios causados a la agricultura por la explotación de minerales.

propiedad, deben ser indemnizados por los dueños de la primera y no por sus arrendatarios, subarrendatarios ni por nadie que no tenga concepto de dueño.

Y la sentencia de 6 de julio de 1918 estableció con referencia a un incendio en una casa por instalación defectuosa, no imputable al inquilino, del servicio de fluido eléctrico contratado por este, que la Sociedad instaladora era responsable frente al propietario en virtud del art. 1.902, no cabiendo aplicación de culpa contractual.

11. La sentencia de 13 de diciembre de 1889 resuelve un caso digno de nota. Una Compañía de ómnibus, en la ciudad de la Habana, aprovechaba en sus recorridos los carriles de los tranvías. La Sociedad de los tranvías entabló reclamación judicial. El Supremo declaró que el hecho de deslizarse sobre los carriles tenía el carácter de uso indebido e *innecesario*, condenando a los demandados[9].

Parece indudable el acierto de la sentencia. Los carriles tendidos sobre las calles han de soportar como una *necesidad social* los efectos del tráfico, rodado o de a pie. En el detrimento que por consecuencia del tráfico sufran los carriles, no podrán sus dueños ver un ataque a su derecho exclusivo de propiedad, pues efectivamente el derecho acaba donde la necesidad empieza. Y así, en esas empresas cabe dar por descontado un coeficiente de desgaste ajeno al de la propia explotación, producido por esos factores externos e inevitables. Mas la utilización deliberada no es ya necesidad. Y si la Compañía está obligada a sufrir el detrimento, por desmedido que sea, que la *necesidad social* le infiera, no tiene por qué tolerar el que le provenga de aquella otra causa por insignificante que sea el daño (cierto que en el fondo del pleito lo que se agita es un caso de competencia industrial), ni tiene por qué tolerar la persistencia de la molestia.

12. Nuestra legislación de Aguas presenta peculiaridades muy interesantes para el derecho de vecindad. La ley de Aguas de 13 de junio de 1879 y el Código civil (arts. 407-455), por inspiración de ella, están tan penetrados del principio del interés común que el concepto mismo de la propiedad de las aguas privadas está saturado de la idea de *aprovechamiento.* El dueño de un predio en que nace un manantial puede aprovechar sus aguas mientras discurran por él, pero las sobrantes entran en la condición de públicas (C. c., art. 412); el dominio privado de los álveos no autoriza a variar el curso de los aguas en perjuicio de tercero (art. 413); el dominio del dueño de un predio sobre las aguas que nacen en él no perjudica los derechos de aprovechamiento adquiridos por los predios inferiores (art. 415) etc., etc. No es esta sazón para ensayar la construcción jurídica del derecho sobre las aguas. Pero lo dicho basta para justificar que actos que en otros derechos (por ejemplo, en el italiano, según hemos visto) eran lícitos sean en el nuestro inadmisibles. El fondo de interés público que hay en el reconocimiento de todo derecho sobre aguas en el Derecho español, hace que la razón de *preexistencia,* con fundamento rechazada por nuestra jurisprudencia en otros terrenos, tenga en este el más amplio reconocimiento legal y jurisprudencial. Por motivo equivalente al que Bonfante señala para la validez de ese criterio en las cuestiones relativas a los derechos sobre el *locus publicus* en Derecho romano.

Textualmente emplea el término la ley de Aguas (cfr., por ejemplo, art. 23) y la jurisprudencia aplica el concepto de modo unánime y reiterado. Véase sentencias

---

9 Dos casos absolutamente iguales habían sido planteados ya ante la jurisdicción penal y resueltos por esta en sentencias de 13 y 14 de julio de 1886.

de 29 de octubre de 1907, 12 de junio de 1915, 22 de noviembre de 1917 (con referencias a otras anteriores) etc., etc. Innecesario agregar que el criterio se aplica también a las concesiones administrativas de aguas: sentencia contencioso-administrativa de 21 de junio de 1918, etc.

El dueño de un terreno no puede hacer obras que distraigan aguas públicas o privadas o las desvíen de su corriente natural. A ese efecto el artículo 23 de la ley de Aguas prescribe medidas de prevención y autoriza a que se obligue al propietario a suspender la obra mediante denuncia de los interesados.

Pero el respeto general que la ley guarda a todo estado de aprovechamiento sufre una excepción en el art. 19. Según él, todo propietario puede abrir libremente pozos *ordinarios* para elevar aguas dentro de sus fincas, *aunque con ellos resulten amenguadas las aguas de sus vecinos.* El motivo por el cual se autoriza en este caso un influjo sobre el predio vecino en los demás prohibido, es trasparente. Resurge aquí el criterio de la *necesidad de todo el pueblo.* Y, ciertamente en su forma más adecuada y pura, la necesidad *cotidiana y civil* que diría Bonfante.

Sobre la *servidumbre natural,* véase el cap. VIII, tít. III de la ley y los artículos 552 y siguientes del Código, así como la sentencia de 12 de enero de 1906, sobre inmisiones de humedad en una casa desde el jardín de la vecina.

TEXTO TRADUCIDO DE LOS PRINCIPALES ARTÍCULOS DEL CÓDIGO CIVIL ITALIANO DE 1865 QUE SE CITAN EN LA PRESENTE OBRA

Art. 440. Quien tiene la propiedad del suelo tiene también la del espacio superior (sovrastante) y la de todo lo que se encuentre sobre y bajo la superficie.

Art. 536. Los fundos inferiores están sujetos a recibir las aguas que descienden de los superiores naturalmente y sin que haya concurrido la obra del hombre.

El propietario del fundo inferior no puede impedir de ningún modo este desagüe.

El propietario del fundo superior no puede hacer nada que agrave la servidumbre del fundo inferior.

Art. 574. Quien quiera construir contra un muro común o incluso propio si es divisorio, estufas, hornos, fraguas, establos, almacenes de sal o de otras materias que puedan causarle daño, o bien establecer en vecindad de la propiedad ajena máquinas movidas por vapor u otros artefactos que impliquen peligro de incendio, de explosión o de exhalación nocivas, deberá realizar aquellas obras y guardar aquellas distancias establecidas según los casos por los Reglamentos y en su defecto por la autoridad judicial, a fin de evitar todo daño al vecino.

Art. 1.151. Cualquier hecho del hombre que cause daño a otro obliga al resarcimiento del daño a aquel por cuya culpa el hecho tuvo lugar.

Art. 1.152. Cada cual es responsable del daño que haya causado no solo por hecho propio, sino también por propia negligencia o imprudencia.

Art. 1.155. El propietario de un edificio queda obligado por los daños causados con la ruina de este cuando haya ocurrido por falta de reparaciones o por vicio de construcción.

* * *

Ha parecido superfluo reproducir el texto de los demás artículos, menos citados o más substancialmente idénticos a los de derecho español indicados en las concordancias.

LAS RELACIONES DE VECINDAD,
de PIETRO BONFANTE, se imprimió
en la República Argentina en octubre de 2019.

www.ingramcontent.com/pod-product-compliance
Lightning Source LLC
LaVergne TN
LVHW082240051026
849532LV00012B/4067
* 9 7 8 9 5 6 3 9 2 5 7 5 3 *